Introducing PuzzleWhiz: Your Weekly Brain Boost!

Are you ready to supercharge your brain, sharpen your mind, and have a blast doing it? Welcome to **PuzzleWhiz**, your ultimate companion for weekly mental challenges that are as fun as they are brain-boosting! Designed to keep your mind sharp and entertained, PuzzleWhiz is the perfect way to unwind while giving your cognitive skills a serious workout.

Why Choose PuzzleWhiz?

- **Fresh Challenges Every Week:** Each issue of PuzzleWhiz Word Search is packed with a new set of thrilling puzzles, No two weeks are the same, keeping you on your toes with fresh challenges designed to engage and excite.

- **Scientifically Proven Brain Benefits:** Did you know that solving puzzles regularly can improve memory, enhance problem-solving skills, and even boost IQ? PuzzleWhiz offers a fun and engaging way to keep your brain active, with puzzles that are scientifically proven to benefit mental health.

- **Perfect for All Ages:** Whether you're 8 or 80, PuzzleWhiz is designed to challenge and delight every puzzle enthusiast. It's the perfect way to spend quality time with family or enjoy some well-deserved "me time."

- **Stay Ahead with Monthly and Yearly Subscriptions:** Don't miss a single issue! Subscribe monthly and get 4 exciting issues delivered straight to your door—or go all-in with our **Yearly Bundle** of 52 issues, including a special edition that you can't find anywhere else!

- **Exclusive Special Editions:** Our annual subscribers receive a **Special Edition** packed with bonus puzzles, expert tips, and exclusive content that takes your puzzle-solving skills to the next level. This edition alone is worth the price of admission!

Your Subscription Options:

1. **Weekly Thrills:** Grab your PuzzleWhiz every week and enjoy fresh, exciting puzzles that will keep your brain buzzing.

2. **Monthly Bundle of 4:** Save more and stay ahead of the game! Get a bundle of 4 issues delivered each month, ensuring you never miss a week of mental fun.

3. **Yearly Subscription with Special Edition:** The ultimate package for puzzle enthusiasts! Get 52 weeks of PuzzleWhiz plus a collectible special edition that celebrates the very best of brain challenges with exclusive puzzles, brain-boosting tips, and more.

Don't Just Play—Train Your Brain with PuzzleWhiz!

With PuzzleWhiz, every week is a new opportunity to challenge your mind, improve your cognitive skills, and have a blast doing it. Our puzzles aren't just games—they're brain workouts designed to keep you sharp, focused, and ready for anything life throws your way.

Why PuzzleWhiz and What does it offer?

PuzzleWhiz isn't just another puzzle book—it's your gateway to a world of endless mental challenges, creativity, and fun. Whether you're a seasoned puzzle solver or just looking for a way to keep your mind sharp, PuzzleWhiz is crafted to be the perfect companion for everyone.

Here's why PuzzleWhiz is the best choice: Puzzles are more than just a pastime; they are powerful tools that challenge and stimulate the human mind. From word games to number challenges, puzzles engage cognitive functions, enhance problem-solving skills, and boost mental agility. Research shows that engaging in puzzles can improve brain function, memory, and even delay cognitive decline, making them invaluable for people of all ages. Below, we explore a variety of puzzles and their specific benefits to the human mind and life.

Word Search

A word search is a puzzle that requires players to find hidden words in a grid of letters. Words can appear horizontally, vertically, or diagonally.

Word searches are simple, yet addictive. There's nothing quite like the thrill of spotting a tricky word hidden in plain sight! From quick 5-minute puzzles to deeper, more challenging hunts, this book will take you on a journey through themed words you'll love. Grab your favorite pen or pencil—let's get started!

Importance: Word searches improve pattern recognition, vocabulary, and spelling skills. They also enhance visual scanning and focus, which are critical skills in everyday tasks. Studies have shown that word search puzzles activate the brain's language and memory areas, contributing to cognitive resilience (Smith, 2020).

Tips to Tackle Word Search Puzzles Like a Pro

Here are some tried-and-true tips to help you master these puzzles:

1. **Give the Grid a Quick Look:** Skim the puzzle first to see if any words jump out right away. It's a good way to get the momentum going.

2. **Start with Unique Letters:** Words with unusual letters—like X, Z, or Q—are easier to spot. Zero in on those first.

3. **Think in All Directions:** Words can run vertically, horizontally, diagonally, or even backward. Stay flexible!

4. **Mark as You Go:** Cross out words once you find them—it keeps things neat and avoids confusion.

5. **Use the Word List for Hints:** If you're stuck, go back to the word list to break it down. Look for starting letters or clusters.

6. **Take Breaks if Needed:** Don't get frustrated, sometimes stepping away and coming back with fresh eyes makes all the difference.

7. **Watch for Overlaps:** Keep an eye out, some puzzles are sneaky with words sharing letters!

Why Word Search Puzzles Are Amazing for You

Solving word searches isn't just fun, it's actually great for your brain and well-being!

- **Builds a Better Vocabulary:** You'll learn new words and strengthen your spelling without even realizing it.

- **Improves Focus and Attention:** Word searches train your brain to focus, ignore distractions, and stay on task.

- **Strengthens Pattern Recognition:** Spotting patterns in puzzles carries over to real-life problem-solving skills.

- **Relieves Stress:** There's something incredibly relaxing about getting lost in a good puzzle—it's like meditation!

- **Keeps Your Brain Sharp:** Word searches keep your mind active and may help prevent memory loss over time.

- **Encourages Quick Thinking:** The more puzzles you do, the faster your brain gets at finding solutions.

- **Brings People Together:** Whether you're competing or collaborating, solving puzzles with others makes for great bonding moments.

This book isn't just about finding words—it's about finding joy, challenge, and a sense of accomplishment. Each puzzle offers a mini-adventure, and with every word you find, you're training your brain to think sharper and faster. So what are you waiting for? Dive in, enjoy the hunt, and watch those words come alive!

Happy puzzling!

Subscribe today and become part of the PuzzleWhiz community! Weekly excitement, monthly bundles, and yearly specials await. Don't miss out—your brain will thank you!

References

- Smith, A. (2020). The Impact of Word Search Puzzles on Cognitive Function. *Memory and Language Journal*

Puzzles	1
Solutions	81

SUBSCRIBE

PUZZLEWHIZ

Name:

____

Address:

____

____

Postcode: ___________   Phone: _________________

Email: _________________

Subscription

Weekly ☐   Monthly ☐   Yearly ☐

Please fill the form and send it by email to:
PuzzleWhizPub@gmail.com

Payment Information will be sent to your email and phone.

Puzzle # 1

```
Q C M T V E A D E S P I A R T T Z M V C T Q I
Y F Z O C A E I V L E E N A C I L E P Q Z J Z
T T J O I D V S Y M N C G W O D A P P L I N G
W P J T T I O C U S V B X B Y Q Y K M Y M W N
W I P H E I L O A R O L S Y L E G E X I C X S
O F X E M M U V G Z G C E G R O G G K X X R S
J B Z D I R T E A G U X W R B A E Y B P E I K
R S L Y M O I R S R N U U M D S K I P P E R Y
Z T K I K H O Y E H N S S E N P J Q P U J Q T
Q A T O N P N D M G T R E K G V K I H T W S Q
R R R O C K F I S H V P N C I A L L I X Z L X
I F Z L H S S S I M L J E P A F K D W R R E C
L I G D P C S E E Z D Q C D T R E W U W I E T
X S T R U S K P E A Y Y C H T M G K A S L P U
Z H A E K W U H U K G T G I A W U O F W O E Q
D Y Q R Q B Z G M L E I I K E A Z U Z L E R H
S P I C E T A I L X N R E P R E S E R V E S L
L Z D I A D E M S O N R P Z N Z C T F S C O C
```

TOOTHED	TRAIPSE	SPICETAIL
PELICAN-EEL	EVOLUTION	OBSCURED
MEGADEEP	DIADEMSON	STARFISH
RESERVES	ROCKFISH	SURREY
SPRAY	SKIPPER	DAPPLING
NIGHTFLIPPERS	TIDEMAKER	DEPTHS
DISCOVERY	MIMETIC	BLINKSEEKER
PHORMIIDAE	CARGO	SLEEPER

Puzzle # 2

```
G J A V S Z Y X K L D U H Z I K P X Z Y M E R
R B R O A D A T E R O H P O N E T C F P U C L
W N P K J P X N R L L A F T H G I N N B T N M
B E N T H O S E U F A L G A A Z T I P N U V C
P Y O S Z D D Z U T E F W A I B L L S A A A G
I E D A V E P E E D T S E R O F Y C H R L R Q
S P R I N G M D O N I F A K K P U S A W I W X
Y X L G L I X X J V R M I V T N A H S H S J S
M A I H D Y Y P K Q U Y K R T P B A M A M N H
N V P A W R E K H U M C R O N J C G Y L L H R
Z N Q D A R K W A T E R S S L L I G R E A H O
B P Q U Y M P G P G M I G A F S J P E V Y Z U
D D T H Y G L A Q R E P A H S O C E V I T A D
Z S W G G E A E S A L U A H Q N N N O K G G X
E S O W P I I N E B K X R D U P R W C E T R K
N M E C H O L O C A T I O N I Y X V S L J J M
R F Z J P A G O G S Q X Y W D G L C I W J F Q
J U T V T L T R A E Y E L K R A P S D Z A M E
```

GILLS	SPARKLE	EVADE
RIFTTUNA	ABYSSAL	NARWHALE
DIM	ESTUARY	ALGA
ECHOLOCATION	SHROUD	SPRING
ECOSHAPE	DARKWATERS	GRAB
NIGHTFALL	CTENOPHORE	BENTHOS
SQUID	SEAEGG	MUTUALISM
FORESTDEEP	DISCOVERY	HAUL

Puzzle # 3

```
Y I O O L H X B S R E T A W A N O N P S L T P
A E D W M N O I T A C I N U M M O C O I K F N
W P E N X O G O R X Y K B N T I V U I B L T S
I E E V B F O N A U T I C A L M I L E G B O Y
V E P E U S U L R Z Y W H A L E S H A R K I K
P R C N J P Q F B Q B E L D U G O Y A G F K R
R N O E M A M M A L X R N L E N A P G N O L F
O S R L T L S Z Z S C A R B O C O R A L U F H
V U A E Z Q V W Y T F I T O Q L G G I T L Q H
I C L P F O N A I G A N G N I D B O R B Z F M
D R S H O Q M W Z I D A Q J N O D L E M E D A
I M S A R Z R R E I R R A B D Y E P S K R Q J
N S H N B R S G R R C C X G R K X B D A Q A C
G V H T C M E Z W R V E S A D N P Z S E R H B
L U M E G M H T E E T M X J G N A S H M Z T O
I L T C L U N P I R S R E T A W D L O C V O X
F C E C U L A K O Z Q Y O Q S P O N G E S S R
E S T B B W O V V J Q T E N E L B B U B O V M
```

TEETH	BROBDINGNAGIAN	SPONGES
NAUTICALMILE	COMMUNICATION	GNASH
RIBBON	COLDWATERS	WHALESHARK
MAMMAL	ELEPHANT	BUBBLENET
PROVIDINGLIFE	BELL	SHELL
ARBOCORAL	DEEPCORAL	BARRIER
WATERS	BELDUGO	VORTEX
TRAP	BLOOM	LONGPANEL

Puzzle # 4

X C C L L O T A A G G R E G A T H I C Q E F Q
Y H D E H F Z Z L W M V Z U W G X A I T T Q B
M M T X I H P X X I Y C N I D O C Y T E A A J
K I A Q I P M L O B N X C Z W U P A Q Q R R F
B H T M Z B X V R G O Y Y D S K B N N D B M L
Q E I N R E R K P U B R S E D Y M P D S I O G
Z G B S G L B E X I E T L I N E Y G L M V U Q
R V A O L E S I K Y V B C R Z V N E M N V R G
Y D H I B M D H G C A R K U V V E I H B O H R
L I A T E N C D T W I Z X B J N A X A V T L U
W O G X U I O C Z P C P U E E W D G Z T G A O
T N E R U T R K C G E Q H D J J V J O H R E C
H I M G O E O X M M L D R S F R V W A W E U S
S R C I S N I R T N I A W Q I R O C K S V F C
A C C A V I O L E T G O B Y U F A G K E G T F
X S V C I M R E H T O D N E U C R Y P T I D T
S D R I B C I P O R T T E N T A S H A R D S L
V S E I M T G J E P H E M E R A L P N F D M Y

GARDENEEL	INTRINSIC	EBONY
CNIDOCYTE	DEPTH	BURIED
CRYPTID	ENDOTHERMIC	VIOLETGOBY
ATOLL	AGGREGATHIC	CURTAINED
BELEMNITE	FISHPICKER	ARMOUR
EPHEMERAL	ROCKS	TENTASHARD
HABITAT	CRINOID	VIBRATE
SCOUR	TROPICBIRDS	ZWABLES

Puzzle # 5

```
L Y H J F S P E L B O G Y T S T I N K L I N G
O R B I F L L Y C O M M E N S A L I S M E F C
K Z L U D A S Q H O E M U L P E U L B Q Q W Z
D G H L U O K N Z W E Q W D A H I F K L U D A
D I X O T X F D X A E I S U O N I M U L B F E
N K R R X A O E N O T A B L E Q D R A T S U M
N E P Q A F L E G W V I O L E T G O B Y L E Z
F D D W Z R P P U Z A D L N B V D V V S S U X
D M N U T Z C S X Z L T A E S P E E D U U T T
D U N A L I F E E B Z B E K M N S A H G B S P
M C Q T H A L A S S I A M R N U V X K P K A N
R G W T P I D D A O R I U N C I R R I Z E L W
B K H A T T Q R X W D Y N N E L B T A S E B C
L H A O U E V I T A R R A N W G A C S Y P O F
F L B K S R L L P H S I F L I A S M L O E Z B
D K H O K Z V L Z H N X Q Z W G A M M A R I D
O Q A T A I L F L I P P I N G O H Q F R C H P
K U Q Q J X K C A N S N E M U L I H A L V R X
```

LUMINOUS	TAILFLIPPING	BLUEPLUME
MUSTARD	SAILFISH	DIM
SUBKEEPER	WATERCLAM	THALASSIA
DEEP-SEADRILL	ROSTRUM	NOTABLE
VIOLETGOBY	TUSK	INKLING
DUNALIFE	RHIZOBLAST	DEEPSEA
NARRATIVE	COMMENSALISM	LUMENSNACK
STYGOBLEPS	BLENNY	GAMMARID

Puzzle # 6

```
H R O T A G I L L A U W I F Y P O T E I G I X
L J C E Y H I G H S E A S F V K B V X U I F Q
K E Q P N B R I G S Y H L Q O D J K C N I S X
E L A H W T H G I R P O F C H C F K V M X C A
L A Y D O O S S S M G T F D C C K G N P H S K
A U G Z M T T W Y Z N H N I N Q V V J P Y L S
R Z U W J V R N S B H A N T A T N E M A L I F
E L V W P Q A D U D T L D D G L I D E S E E K
N B C G V E H A R N P A I E E H P A F K Q J T
E H T R S T C V F I E S P D C X H H X O L N L
G Y Y A A A Y Z G S D S E R P K E E R X A R M
H S U P L N A H R D N I R E A T D X X I N R F
S V E P T I R L A N A N E H L L G D D L R Z O
I N S L R D P W S E E I L F A M E A R E E F R
F K B E U R S P S G C D C E T E R U T A E R C
W L J H I O S D R E O E S N E M O B K F J P S
T G A N S O V N T L E A D K Y Q W M H Q J V I
I V U L M C S D N U O S W S H M Y F Y D H J G
```

HERDED	RADIANT	GLIDESEEK
SEANYMPH	COORDINATE	ALLIGATOR
SURFGRASS	FISHGENERAL	LEGENDS
SOUNDS	PALATE	SPRAYCHARTS
HIGHSEAS	ALTRUISM	ANCHOVY
HEDGEROW	FILAMENT	CREATURE
REEF	GRAPPLE	RIGHTWHALE
SCLEREPID	OCEANDEPTH	THALASSINIDEA

Puzzle # 7

```
D R N A U T I L U S P I L S N T K K O T Q E S
I E D R E V I H S G F W T M E G E W R O T P X
F G B U X H K H F J L P N F Z V C P J A I E Z
F E L E A P I N G U H N F Y A H O R R R R C N
U N F Z Y U H S M J S G E D P K I E I L P H L
S E Z N U R S E R Y A B E Z C I N T O K B I P
E R B G T D N C F S L Q T H I E I T J D K N B
D A F K I F L B X U P E Y K G L T R H Y C O J
C T F A I V Y D S Q S B M P Z E A F U O R D C
G E Z S T S N H I C E Y I L R F J C R P T E X
I N H E L H C W C W N E V A Q K X A O I E R T
B Y I C F O O T L Y O X R Y L L L B P V J M P
E S Q G K C A M I V G I L F Q P J D D Y M A H
J I Q L N Z X F G H U H H U O K F E J P G T Z
R U A M M I P Q H M X T V L I M J H U K P A Z
B T P G R N R C T U B S Y E H O X P K G W W L
S E R R I R L F L X Q P L O U O R O X W S I I
Q X S S W X S U Y I H T N N Z N M Y C T X Q K
```

PUP	SHIVER	OTTERARIUM
GENERATE	VOCALIZE	SPIRIT
BLUSH	CORALPOLYP	FATHOM
STALK	LIGHTLY	LUMENFISH
NAUTILUS	REGENERATE	DIFFUSED
EVADE	ECHINODERMATA	LEAPING
PLAYFUL	SLIP	GONESPLASH
FRINGING	NURSERY	MOON

Puzzle # 8

TRACKING	BUBBLE	ALARM
HYDROMEDUSA	LAGOON	THRIVAL
VIBRANCY	POLYCHAETE	SUBMERSION
FEED	PHANTOMLIKE	OBSCURE
CHROMIDORIS	FILTERFEED	CRYILOPH
SHIMMERING	GANNET	STORIED
CAPTIVITY	INTRINSIC	GIANT
ECHIURAN	EVOLVE	NATH

```
Z O D T D F U J X V F U S R H Q W T D E S H J
P E E W S H T R A E Y K H S V U C L O I L A T
M W V V N A O F I C R P I V T J P F N B D R S
R A H P Q I R O Q O O F Q K A X C R Q L Y P Q
O I S S E V P E T T R M R F R O E M Y U O N U
F R U C I E E S A E P J O A R V A U O E D O I
I A L U F E D M M U W X V A E J W A Y S E T R
U N B P I A O M M X J B L L D Y G T F C B E T
Q I N A J R I A H W Z R A W W G J O K A Q S D
A B Z R H L U H V C E P C P R X E S V L P W E
Q R Q C G R O U P E R Z Q E Q J G P E L R U T
N U X B O S M W F C I G G T Q W R X S O G W C
C T L Q D L P E P H N A L E A K E G J P W F E
T U F V L I R I X H T K H L I Q V S H T Y M T
R F N P M C Y A N H S Y T T X U N W A P N S O
M S B M Z L D G I N N F C B O M O O V K O U R
I N K J E T S C Y M E V A U N X C X A U L M P
K N K D L F M J T H K R H S A Y D J S I N Z N
```

SPINNER	PAWN	HARPNOTES
GLIMMERFISH	PROTECTED	AQUIFORM
CONVERGE	CHROMATOPH	CORALREEFER
SQUIRT	BLUR	BLUESCALLOP
STORKS	GROUPER	AGGREGATHIC
TORPEDO	EARTHSWEEP	PALEVERNIS
MYTHS	SUBTLE	BLUSH
INKJETS	TURBINARIA	ANOXIA

Puzzle # 10

```
D P E S P I C E T A I L N E L A D Y V I D U I
S R O V B R O Z T T C O C Q G B M R H I H K Q
N R Q E P M V X I U C J H I D N U U X M Y G S
T Z K Q Q G W S M A R H T U O M A G E M D Y W
T E U A B J G O E W Q Q Z K T U T M N E R T G
R T B R W O H B Z O I Q C K R S U V C N O M E
O S T N E R R U C N A E C O D D O O J S S L N
T A T Y H P O R O L H C K A F R R H Y E T W R
W C J L G W M I Z G Z F V I U A B R G T A R H
G T B C L E A N E R F I S H L S E V I X S A X
O G U D L E B T F Y D H G S X H T R E G I P Q
E T N A I N E G R O G U P F T M B R G B S P J
V O U F V T S W H D O A E A R Q U Q A M W E D
T B R P U U C X K R W I E I P T W E C L T D T
T R D M F N B X T N I F D A N P Q B O H Y H M
G U T R O H C N A P I H S E T B L V N R H E O
T T X U N K C A D J L Y V N E H J C C W J A M
T E L V D D O O W T F I R D V C W C H D H D Y
```

OCEANCURRENTS	IMMENSE	WRAPPEDHEAD
GORGENIAN	CORALSPAWN	BELDUGO
TURBOT	BRITTLE	CLEANERFISH
TROUGH	BEACON	VENTURE
SPICETAIL	DRIFTWOOD	FEATHERY
MEGAMOUTH	IVYDALE	CHLOROPHYTA
SHIPANCHOR	GHOST	HYDROSTASIS
MUDFISH	CONCH	AUSTRALY

Puzzle # 11

```
C V X M Q G J Y B Z M W F I L T E R F E E D H
P J Z C M K Z P L E I O K H B R S H F X A B N
T V R H U S V M K N S E L C S C N I K S C L T
S S D G U V Z K D S D S M X H M E N R D A E P
R P R Q A R O P E L L I M V B I V K E O L R R
U L G B N H V R R D C B T U R N I S N P F H O
B Z E T U X X I V F W I B H Y D T A N O W Y C
R K A U E Q D G V U P R B U G L C M U R A Z K
A X E P E N S U C K E R S N G E E E R H L O E
N N N E P E T T B A A Q K T D B L N Y C T G T
O N I V V E A A U N M R T I I L F O K Y Z R A
S W L A P X R A C E P X B N A U E B S S N E X
G H K W D C L H R L G Q Q G J E R D B P E E W
S Q C O U X I M Y Q E H S I F R E P L U G N J
O B A I L N A P V Q A S D H T N I R Y B A L R
Q D R D G I S N D J D A K J T E B K E Y S T E
J U W A D A C K E I E V O H U F M Y T Z I Q S
J M T R M P W F Y G O L O H T Y M T I U N I N
```

HUNTING	CALFWALTZ	PSYCHROPOD
MILLEPORA	SUCKERS	ZAPPER
SKINCSCLES	GULPERFISH	TENTACLES
FILTERFEED	LABYRINTH	SKYRUNNER
WRACKLINE	ROCKET	RADIOWAVE
MINDLEBLUE	BONEMASK	INUITMYTHOLOGY
MERMAID	WIND	RHYZOGREEN
SONARBURST	BRANCHING	REFLECTIVE

R G Q D X V S T W Q B I J T V E I L D P N R C
R E P B A U V W N A N N O U Z U N O X E S X K
S C D Y H A H X E E E L A R T C E P S D I J Z
C I N C L Z C A C W T A W B V C O T E J A Q N
T I O O Z S D Z Y B A L O O G P T E C Q W S I
S R N D N G L J N A M W O T C A P J V O G A L
T K K O E G X X O R R K T M K S H E B O K L R
V E L I H R T J E N C O M U R K Y A N X Q C A
H E R X E P U R U A D T M N M A S S I V E V M
I S V F G S M D C C H Z T G B X Z C Q L T G Z
Q E D B A Y J Y N L S Z G L D C N P S E L A T
K D K Q T M X Z S E G R E E N T A I L C N O H
X I D F I B U M A S E R O H P O T A M O R H C
R L A R R I G T O O T H E D W H A L E D L U M
Q G L M E O M P V Y N O I T A V R E S N O C R
E W G I H S Q R N I E Q I G S S T Z W P G Z P
K M W J B I E P X A L N T E L L I B N R P Q S
G Z D U N S J V A X X W E S T O Y S T E R S S

CONSERVATION	MOLTEN	GREENTAIL
BILLET	BOW	MASSIVE
ENDURE	TOOTHEDWHALE	BILL
SYMBIOSIS	TURBOT	GLIDESEEK
BARNACLES	TALES	SPECTRAL
CHROMATOPHORE	WESTOYSTERS	SPEEDS
MORAY	MURK	SYMPHONIC
TROCHUS	HERITAGE	MARLIN

Puzzle # 13

C F S D E E F Q P W L E A R G E T N I L I V J
G S L A W M B P H S H C V Y O C C B L T W L L
E T T E L U A P E M G T C O U L Y I M L N E K
V Q E W E G J A G C Q N A T X M R B W D X C J
P L Z R X S T L X J E D S P G K B B K I B O K
X X E M Q S H W S U B N U U D S P R E L N O W
D V N G N M C E Q F A H N D R N T E A S P C E
N D F L E L Q E E T E S U O R O U L F H Q K E
Y G Q E G N R T Y N L G S S F H G O A W K U G
J R F T N F D B I P R S I N H B F O S T B A F
C A L M I C G S X A E E C U D E O D T F E K A
Y N K J T E Q T L C T R E T B L L Z F I I B X
L D Q S N Y A P U K S U U R D T Z F I R Q R G
M D P Q U H K R V S Y M J I L H U Y J B C A P
A I G D H N A G J K O E P E F K Q K U N V Y K
O V E Z I L A C O V A R F N D I G E S T I O N
P E E V A W R E D N A W G T G Q C O P E G R K
T B T K H K N T L J G W F B Q Z U X Z K O C S

HUNTING	UMBRA	WINCE
INTEGRAEL	VOCALIZE	NUTRIENT
SHELF	SOUNDPATH	EPAULETTE
FEED	SHEEN	FLEE
GRANDDIVE	LEGENDS	COPE
PACKS	SERUM	OYSTERLEA
KRILL	DIGESTION	RIFT
WANDERWAVE	FLUOROUS	FREQUENCY

Puzzle # 14

L O J A O G U P D T T W E R G C K Z D B N B H
P A E L Y H S I U Q S E L A E Y A H E L F T H
G L A R O C P E E D W V B R I H G V G Y A J Z
M R T S L T D D L F E Y M H O U L P R F L L M
O Q H E E E K X W N S P Z Z I V A V E L T M X
E V I L E K K E O S B Z N E R I S P M I E W H
E B C O A Z M M K Z X Z S V B J C R B C R D L
A N K H K N I I X I Q O A A Q R S X U K F D P
N M C W X S N J Z C T I N X X C A T S E I Z L
W D O O R G N C N W D H U Z E O P S O R S B O
K V A L K L Y I I E W C A T K E J M H R H K I
D C T B D P D N H G N W F B E Z A Y M A K Q E
L Z W W E O E Y D N P I T E L B B U B Y R S L
Y G X S C L E M Z U I C O L O S S U S B R K U
E W A Y E Y K I N O R B R I T T L E F I S H I
R L T A K Z N J L R O T O L A H C A C Y E M P
F E F J Z E I R Q C A Q E P F R Z G S M I K B
O I N Q M N M B Z S X L E N R O B R I A D N U

ZEBRASHARK	FAUNA	CNIDOCYTE
DEEPCORAL	SIREN	CACHALOT
FLICKER	FALTERFISH	ALGA
MINKE	SUBMERGED	ABYSSKING
BRITTLEFISH	AIRBORNE	THICKCOAT
SCROUNGE	SQUISHYLEAP	BUBBLETIP
VENOM	COLOSSUS	TWINELEAF
STORKS	EEL	BLOWHOLES

G H V L L L K E S J L A N R U T C O N C H H X M
S N P L T L S R Z G O C X H S T M U Q Q R D E
B N I O C U R R E N T S H A P E R C K V N V H
H R I P R E V A W R A N O S Q R D E G G A T A
U E H A A T K A X F E A T H E R Y A T P G F M
X T Z R M E O X D T R S B N T Q D T L Q A X Y
X U K K R O L T P N I Q T X R V L X F E D I H
A P G A K Y Z T U S P S R D D T Y L J B P P O
H M N E E D C I H A E Q R P H A A V R N J V U
H O I R L A J O H H E G B H W M G E O S F F B
H C K T P N C H Z R W O V U I C B T F E M H C
O E S S L K B J B C S X W N R Z I K R D A T I
K V U S E O Y Y O H H U G S W H O C N B R G F
E I T S U V Z Y I V T D J E C C E M L V X I L
U D A Y S P A W N U R Q R H U M P B A C K G N
S U T B S E G D N B A F T R O P P L F T W E B
L M H A E U W J E W E Y V N R S A X P O I Y G
G D O C Y S E A U R C H I N D Q B Z V K R C L

NOCTURNAL	EVADE	CURRENTSHAPE
TUSKING	SPAWN	FEATHERY
RHIZOMAIN	ABYSSSTREAK	PORT
TAGGED	FLAMING	EARTHSWEEP
DIVECOMPUTER	LEAPING	AUTOTROPH
HIDE	CHITON	SHOCK
HUMPBACK	PACT	RHIZOMATIC
SEAURCHIN	CURRENTS	SONARWAVE

Puzzle # 16

H S P H J M L R B I W Y V X R O U B I Z X H S
Q X Y X K J B E H D S A U K A O D B K Z K U P
D I L E G G L C S C U M X O Y E S F G O B O V
N Z Q D V E M K I L I V B Y J U R X Z T H B K
H I A W M X Y G F O L U L P E E U Q L T S S L
T S A N U U B R E W P Z I T E P E E O E C C E
H M I M H V E U L N U E N B S N H M F A F U V
S T S H O E R E T F A R K A I G E Y L K R R I
E K B J F Z X C T I N S P R U H K B R N S E A
X X T I Z B I D U S T F A B E N J D P A X D T
A M N C P J Z H C H M M T B U K O C G L W B H
J G E C L P D F R Z J M I C R O S C O P I C A
T F I Q W M G E N D O T H E R M I C A I H G N
L L L X D I O L L A H T A E S Q P A L E L O S
U Y I M V S P H S W Z Y O L R A C I K S B C A
M L S L A R O L F A E S D V V S T A R F I S H
A Z E L T C Z T U R Q U O I S E D P L B X Y M
A O R U K J I S Z T W O G P S I O H M J A X P

CUTTLEFISH	BEACON	NAUPLIUS
BELEMNITE	MARINE	GELID
ENDOTHERMIC	TURQUOISE	SEAFLORAL
EPHYRA	RESILIENT	BLINK
BEHEMOTH	MICROSCOPIC	WAXY
OBSCURED	RHIZOMAIN	SEATHALLOID
CLOWNFISH	SUBTLE	DASH
LEVIATHANS	STARFISH	REEFING

Puzzle # 17

```
I H C X Z K W G Z F K C L I M A T E A C H Y S
C N R G S H C N A R B I D U N C C U C V G S C
I W E N M G U A E O O Y O L G G N O G U D Q N
T R W H M J I D N X J W Q A V I E K O D E U X
S U O B J M A N G R O V E S H O R E I F N A K
E O R C I T A M G I N E P K T S P R V F C W B
J M R K L A R O C E B U T R S M O J H A H K H
A R U S V P L T S S F N R W Y D G Z S N A Z D
M A B Z A M B A D S C R T H C M M R J T N T G
T N S R E H S I F L L E H S O P J U D A T H D
J T N U H P U O R G Q A W X T O L P C S E R B
H R A L X Z F H P C N T A K G A T V H P Y D I N
M D L L A V I V R U S Q I W M W D K A G S V U
N F U E N I P S P Y L O P F E K F A Y J E E N
G Z D E K I L M U R T S O R N G G J D Z A K H
A Q A Z Y C B Z L Y U O U N I F E U L B S U H
I H R A O V A F E L B A I C O S W O V I F Z G
D J B N T D Y A S G E O H B F Y G F J P T Z R
```

SOCIABLE	ROSTRUMLIKE	POLYPSPIN
MAJESTIC	ENIGMATIC	NEMATOCYST
BURROWER	SHELLFISHERS	FANTASY
BAY	DORID	CLIMATEACH
DUGONG	THRIVE	NUDIBRANCHS
RADULA	MANGROVESHORE	ENCHANTEDSEAS
GROUPHUNT	SQUAWK	TUBECORAL
BLUEFIN	SURVIVAL	ARMOUR

Puzzle # 18

```
Z G V I U O T E H T Y W W B W H G V Q U O C W
C G O D A E S L G T Z X A H C P Y L P F H L H
K F O U N D A T I O N H E V I S K I A L Z B E
D E E P S E A X V I F S L J M X K X O U Z Z L
K F A N T A S Y P T W I R V R O O U R L C O K
I E W R O E T A N N W F E S E P K R B P K U H
I O A F O Q Y O Q U H O T A H W R K Q G W W S
G O Z D W G A O U H I S S O T M P Q P G Q G Y
N F J I E L U R Q W S S Y O O Q F P Z N L E R
I W O W I X N D M S T A O N T C B L N I R M T
D A O E A N Q Z L I L C Y R C U N J M H E L G
E T N Y P A H X T E E I O W E J C M Z S S A Q
E E R C D X K D H W B P Q X C V E B A A Y C F
F R G B M C O V E R C A S T X R B N R L E D P
W S S F F N O R W E I G A N F I X Q K S G I L
B X Z W S D E E P S F A G I Q G M P A N E L G
W N S I N R E V E L A P S H V W F X C Z N O G
F F X Z Z Z N R U E B H J B B F G U A B O S J
```

DEEP-SEA	WHELK	WROETAN
FOUNDATION	ALIEN	BELDUGO
COVERCAST	PALEVERNIS	FEEDING
WHISTLE	HUNT	OYSTERLEA
SPEEDS	SEADOG	GEYSER
SOLIDCALM	GLIMMERFISH	NORWEIGAN
WATERS	ECTOTHERMIC	PICASSOFISH
SLASHING	FANTASY	GLAUCUS

N Z J U Q V C N F D U Z A L I C O R N I Z U B
T H N Q N I V K B V L U N G E F E E D I N G E
F T R Z T D D C X Z X S F O F I E A L S Q J B
A C G E E I M N M L A N C X N P K B A W G A S
B J M B C L C V F C E M M K U S T L E D N M M
P I P H M E L K Y C R O A K E R P B L I N D J
M P I S A P A S P Y S P E R M W H A L E C E E
F Q R I Z O W U R A N D R O I H L H Z E O V D
I S F F U C S T L G O O T E J T L C M P A K S
N A N R E S M G K I E T I E H A T O M C D R O
J N R E P P I K S E L F D T H S R N O K E M G
H D D M F E R N V E L E O K I D A T G S E I Q
V D C M Z B P G D Y E E B Y Y N L L C N C F E
O O H I V C A M F J Z I O H W A U U F N S Z M
I L G L V D Y N A M I C S J C E E M G N Y E H
D L Y G E F P H Q X X T I G V D K L M D I Q M
S A S M A E T M I W S S T N A I G G E A S F S
S R H N V L D P E E C R O F L A D I T V E C K

RESCUED	CROAKER	AMMUNITION
TIDALFORCE	LUNGEFEEDING	NEMO
SWIMTEAM	ALICORN	TUSK
SPERMWHALE	MOTTLED	HYDROME
SANDDOLLAR	SKIPPER	BLIND
FINFLASHER	GLIMMERFISH	CLAWS
GIANTS	MIMETIC	ALTOCAVE
SCOPELID	DYNAMIC	SALP

Puzzle # 20

```
V C Z P W U C T A Z Z D N U O B L L E P S H X
Z N T F L A Y G K D N C L N H U U M T D E K R
I A I O N S D V C A I I L C Z S S H F X L P W
Y T K E E E E J A E G T F O R E S T D E E P N
O I R A U C I I B H H A P W O I Z C X R Z O F
C T F P P V H T Y R T M U A O W R A E H I F A
N A D W Y Z V I T E F G G T C I U K V T D Z G
N N N A T P Q Q T G A I V N N V O I A X Q T R
G I U F H E O H O G L N Q O I O V C V A T Z E
K C D T K V M L D O L E I B X H O C R A B L R
X R I B R H W H L L N D R J E L C Y U Y D I A
F E B C A O V P C A E F P D O K Z N A D Q F D
C Z R C H H A S C A C Q Y H J A Q Q A G K W I
B C A L S U G R D H R S C L U R B P X R W W O
G W N L T H E A W M Y E P S H I V E R C B N W
D F C U A P E L I C A N Y L I A T N E E R G A
L Y H E C L H J D I T U L O R H C Y S P X P V
W Z S P O U C H K S L W F B B H T O M M A M E
```

ECHOLOCATION PELICAN SPELLBOUND
SEAFAN LEAD TITANIC
CATSHARK CRINOIDEA LOGGERHEAD
POUCH NIGHTFALL FORESTDEEP
DOTTYBACK ENIGMATIC RADIOWAVE
SHIVER GREENTAIL CRAB
PADDLE MAMMOTH SCALLOP
PSYCHROLUTID BRANCHING NUDIBRANCHS

Puzzle # 21

```
T K C O C A E P R E T U P M O C E V I D B M T
T U F Y F A O D W R S N C W M J T R X Q M Y S
R A D M X L K Q T O B U B S R S E A E E G A I
Z E A N O D A D H S I F G I P M V S T S E G S
W X S Q O K V H E S D O B N O A R C U W T G R
B P C T P X K H A Q Y B L O J O N V H H D O E
S A Y X J R E T Y V O F B A H V W I G X G B P
X N L R N E E Y K N F P N A Y F R Q X J L L S
N S L H K L H S G C E S E P G L T X I A D I P
Y E U N L A Y O T E E S R N P B T H Y E E N A
S X S I X Q B T D S D S T O V N H X P R O S R
D A T D E Y Q R X S I P O W U L Z Y H O X H K
F E I V J U A M C I N L V E C V O A D U N A L
P R P H L K P O I L G K A E W T K C J Q J R E
I C U M T Q V L V T O Z E M X D L I Y E C K V
D N X M J N E U J M W E S P I L C E I A R M Y
T S Q C U S A S L Z C F P S N O R K E L I N G
N L E S H Y E C O T O U R I S M G S O U N D S
```

SOUNDS	SILT	HUNT
ANTHIAS	FEEDING	GOBLINSHARK
PEACOCK	FISHDADON	SEAHORSE
SNORKELING	SPAN	PERSIST
RIBBONGOBY	ECOTOURISM	SPARKLE
DASCYLLUS	DEEPBOOMER	DIVECOMPUTER
SATELLITE	ECLIPSE	EXPANSE
AEQUOREA	WHIRLPOOL	TWEAK

Puzzle # 22

```
S P G P Z M Y W Z X S G S P E L B O G Y T S I
E O N D W L N G U G S E A P I G A R Q I G Q W
N A S A F X D L R O W R E H T E N V L T P R F
S Y B E B G I T D G V U A E Q O R N N S A B F
E J R H L G H Q N R E F A E S J O A P T Y L U
D I Z R D E C P D P P M V G X E U A O C S U U
F V V E F L F L A H E E V O N T F G Y G U E Q
D K S M Q P U J D O L G S Q I Y P N Z F R T X
I T H M J I L I L S B V D C D N N U U H V A Q
V W I A E Y G B C P M Q A R H I Z O M A I N C
E H G H T E O D E H E L H W S M U H C G V G W
R X M F S R O O M O S C G A R Y H P E P A L K
A B G T I U A D U R S C B R I N E A D P L X H
Q W I H U B B Z M E A F J A U T O T R O P H Z
L O R T N B O D E S Z E C S E F P J M R N Z F
N T I P X I Y S E C H N U D I B R A N C H S F
P Y F Q C S V Q G E Q G G Y P S Y C H R O P O D
V D K U O H H S I F D O P I R T M Q S K P I Z
```

HAMMERHEAD	NETHERWORLD	PSYCHROPOD
TRIPODFISH	ASSEMBLE	DIGESTION
BLUETANG	RUBBISH	NAUTICAL
SENSED	FIREFLY	NEONLIT
SEAPIG	SURVIVAL	AUTOTROPH
DIVER	STYGOBLEPS	CARGO
EPHYRA	PHOSPHORESCE	RHIZOMAIN
SEAFERN	BRINE	NUDIBRANCHS

```
F D G C D C V P V S H R I M P H O O D Z X T O
E N N D I T M F T F A H A J P X U I L B M E W
Q H Z A O A M R V T O L B K Z Y L K W Q B L Y
M N Y R S K H O R E U Q E H N U D T M A B P D
I G E T U M K T B H A E U Z M W A L F B U P E
M G N O D H W H O F E T A I D A R F M A Z A N
I G H V E A A Y S F O G N X Y R N Y S G Z A I
C I P L M W H O X F X O M Q H U E J A L C E F
O L D R G K E P F X U V X G X R I C L M Y S E
C L W O S S M B F S M M F K C E R W P I H S U
T Z T R A B A T N E L I S M T S Q I R S P S L
O M R Q L I L Q J U N L D R I M Q D I I O X B
P O E U T L F D K W O B A R C R E L D D I F O
U T N A T L G P H R Y W M Q T R O P J O Z W F
S C C L R I O A K A N Y I K R A H S Y K S U D
A U H S A E L S T W A J Q D F U B F H D V L X
Z N H V C E T D J P C K A A U D W Q V J U P O
V U N V K M E T X R Y Z M C N B L A F A A I D
```

MIMICOCTOPUS	GILL	BLUEFIN
RADIATE	MAST	PLASM
SHRIMPHOOD	RORQUALS	FROTHY
LUMINOUS	CANYON	SALTTRACK
SEAAPPLE	TRENCH	BUZZ
FIDDLERCRAB	FLAMEHAWK	PORT
HAWKSBILL	SILENT	DUSKYSHARK
FINWHALE	SHIPWRECK	MEDUSOID

Puzzle # 24

```
E C H O L O C A T E K C O C A E P L I G Q I B
E V I T C E L F E R Y L J X J G W C E N Z M I
P K L Y M B N R A Q V E C V O R G A N I S M S
E T O F R J C H E I F Y O U R D E E E N C U M
H B P G G L S S W L N S X L T Q U W F I Z M H
C R L D G N N U T P U R Q K V T V N H L A E M
P Y Q K O L H B L B F Z S H G I L Y A R I M J
W C M M R R G T M T S I S R E P U E I L S I Z
O P E A A Q E E B E H E M O N T H T F E I E F
T L Y A Y O R N O R W U F F D N I F L I D F M
H S R H Y G U T M U Y F R V Y M S C W I S C E
L T W E I E S A Y Z C B N J E Y A K T X V H A
D H H N N L S C N A S O V L S N W R H C O T R
I A G B D I E L B F S M A L R B E J B F K I D
V Z X T X B R E R Y Y W K A J D K Z I G S R W
I P C K L B P A L G W E B E L I P F X K I E I
V K S N A R T A M U S W V E F L I N C H C C K
A X S B T N E C S E N I M U L R T Q G K F S F
```

LEMONSHARK	SUMATRANS	CERITH
MARITIMELAW	LUMINESCENT	PEACOCK
DUNALIFE	BEHEMONTH	MARINER
SUBMERGING	FLINCH	CHEIFYOUR
VIVID	ECHOLOCATE	REFLECTIVE
ELDERTIDE	BARNACLES	AZURE
CUTTLEFISH	PERSIST	SUBTENTACLE
ORGANISMS	PRESSURE	LINING

Puzzle # 25

```
U Y U Z C N Q X L P I H S N O I N A P M O C S
W E I J T M Z U C R X H C A E R T N A L A G K
X A U E B N F S N Z T N F Y T U D W Z D M N J
C D H I E Y F C O S E P J I U S E A A P P L E
U I F U A O P O H M U U K P O W B H T W I N E
R N G L C U D R P R G T B E L A M R T I N O H
R E P C P C T A I C L P M X C X E J I R O T R
E A J R I I C L L P I O P G O D F S R T O A S
N R O Y Y D K C L X D D O W T G Z E D H T U W
T Y S P A V C R E Z E J O W C K K F K N R L Z
S H K S S V J O M E U X I L O A E K N P I S E
H P B I O N T W N M D R M S E A F O R M E H R
A S C S E K A N S M A L C R L M Q I T B T L Q
P W G V I Q O I O K O N B K B J S E E R C M E
E I U G N A T O G F W E K H N E R X P H I H F
I K J G M Y P F C Y C M Z J F A Y Z M T Q C A
Z Z L T Z W K A W I T O U I L S G G I D J E Z
S C E I N F I N I T E S N G E X Y G L H O W Y
```

PLAYFUL	MELLIPHON	CLAMSNAKES
SEAAPPLE	MELODIC	INFINITE
SEAFORME	HINDSEA	CORALCROWN
GLIDE	GALANTREACH	CURRENTSHAPE
STYGIAN	ICEBREAKER	GLARE
OCTOCLOUT	BRITTLE	TANG
COMPANIONSHIP	CRYPSIS	SURPRISEFIN
SPHYRAENIDAE	LIMPET	TWINE

Puzzle # 26

```
K N X V G I H U P K S M W M A B A L J F T G R
P U T X T O O T H E D W H A L E A W U B M O E
E L A W N S H H A S O B L A B M W X A X L V C
S P P P F G T C E S C W N W E B V Q J O Q T N
E A U K O A U A G H B E P L D H S F C H K Q A
L A O L E C F S F W G K O O O C Z E E S T E I
A D R R U O Q F Y R Q D Q M R E Y S V G P W L
C C B M S U O P U J I P H N W T A Y I O B M L
U V B S A P Y S L C V Z F J L N S P C A R I I
F E I L I B H W A I L B T J R O U I R T E S R
R L L H R E H T I L S A G E M I I K D Q S M B
S V I S Q H R R U U E J A E U T T M S E I J J
R O B I N E O Y C V H T E L L A B A E S L P R
S A D U C A R R A B C G D F I G M J Q U I H Q
G M R N R I H G G Q H L C L E I G I Z H E T O
L K I F D C R U S T A C E A N V M H U B N P A
I P T O J X U C O A S T A L W A T E R S C V V
X P V P B Y K G Z B W X M C W N G V G B E J E
```

BARRACUDA	SURGE	COLOR
TOOTHEDWHALE	MELODIC	ALBEDO
BRILLIANCE	MEGASLITHER	SEAFOSSILS
PORTSIDE	COPE	RESILIENCE
FUCALES	COASTALWATERS	OPIHI
PINCER	SEABALLET	SEACUCMBER
NAVIGATIONTECH	WALE	SQUALL
BARKTAIL	CRUSTACEAN	BREATH

Puzzle # 27

```
E N O Z L A D I T B L E N N I I D A E J A O B
F R F I A R O U G H S Q U I D O W P T H D M R
M E J B D E H S E M P E E D T W I Y G T A G A
H S L F H R N L L I G E C I F W I C B N P Q I
T U M R E S N B R E E F S H A R K N A N T P N
E Y V Q S V S C O N D U C T I V E O C I I K C
G U J L I I T E S M Z X V P Y B V C K H V A O
Z R C R O O F Q L T Z M V C D K Y L W C E N R
S N Q X N V B Y V M G F M E V R O I A R C I A
T U X W T E M F P Y O D N E W O B N R U L F L
D Q L L V X E P I A K H E S C W A E D A A L X
E S M L Q N S U Q X V D T T J E X O Z E M A N
J D T Z Y A U W Q E U J O A O M N N I S S S A
T E Q L I C L O G E R X Q D F A K G V I N R V
C O S U B A S D B Z Z C F L A R E E E L A O Y
A C Z Y D B Z A F D O I B Y C F X P D T K D S
G C V P O J M H D H A W S S M H R F O L E F L
K A L E I D O S C O P I C I N V R Y H S S T J
```

REEFSHARK	KALEIDOSCOPIC	FRAMEWORK
DEEPMESH	DORSALFIN	PYCNOCLINE
DASCYLLUS	BLUE	SEAURCHIN
FATHOMLESS	ADAPTIVE	NAVY
FLAREEEL	TIDALZONE	BACKWARD
SHADOW	CLAMSNAKES	SIZEQUEEN
CONDUCTIVE	BLENNIIDAE	ADHESION
ROUGHSQUID	BRAINCORAL	ICEGILL

Puzzle # 28

```
F I S H P I C K E R Z Q C Q D O R A D O I I V
W G K N P I E R Q L V B G N I G R E M B U S C
M R G J T O M J S L E K K X I W P C W I K T L
B D Z W I H B R U W S U O M Q L J I Q K E T A
M Y S T E R I O U S Y E D Y X E N K L J C R R
B I O C K T A I L A D L Y N Q C J K N H N R O
N K H K R Y O M R I R E L Z E Q W K R L F E C
A B O U N T Y H H O G M L A H I D I N G X P E
U F E A D G S T W R V D E H M X X Z A S N E R
T E V D F I H R A B E D B A D W G D T B A E I
I I L R F G E H U T P Z D S K G W W P K L R F
C I O H I H C G R M B M E D J L R F A L H C M
A Q V N T K J A O H I G T E U M Z C O X D A R
L I E E N Y H P T W R P T E S X U H H W R E V
T T N A I C J V H K H Z O P Q V Z N E Q V S Y
J F L I N J J E L W X J P J S U T O R S P M M
B P E U P H Q S K I I T S U I A U U D N O N H
A N C H O R A W A Y L I O N S H R I M P M O H
```

SUBMERGING	FISHRAY	PLANKCHARGE
MYSTERIOUS	HERD	NETHERWORLD
NIGHTHIDE	FISHPICKER	ANCHORAWAY
HIDING	WINCE	OCKTAIL
UNCHARTED	SPOTTEDBELLY	HOLLER
ZAHASDEEP	LIONSHRIMP	PIER
EVOLVE	BOUNTY	SEACREEPER
FIRECORAL	NAUTICAL	DORADO

Puzzle # 29

```
M L E L B I S I V N I L Y S N G E N O M E N A
B C R O P C J A D T U B U Y S A N T E N N A E
R Z V D C D A I X A F A S E A T H A L L O I D
A E I A Y T S D V S S R Z W C H R K H X A Z T
P A R R O T F I S H E N R A T S T N E P R E S
Q V Q C M S E J I L A A P U K N I L B N A B Y
B A F S O A C R C A F C M Y S T E R Y P I L E
M R D T S L W L S T A L P R E D A T O R R A Y
K R X A M E D J J R R E O F O I U K C E I C F
S S I J H S N W A X I C G A R G A N T U A N O
U C Z F J Z I T A Y N S E A C U C U M B E R P
R O E X T M O R S T G M R E D O C A R T S O O
K P M Z L F U W S A E Y M U Q Q S J L S X D K
V E O S E G I G J F V R S R O C K S X H V N N
E L Z J E T P R O P U L S I O N V T O C F V W
M I P I S G F G D M A J E M I G R A T I O N W
A D S H S F K Q Z A F Y S G N I R C C O K Q Z
I A F L A M E H A W K E Z S F O Y N D Z M L G
```

BARNACLE	RINGS	FLAMEHAWK
SERPENTSTAR	PARROTFISH	INVISIBLE
BLINK	SCOPELID	ANTENNAE
ANEMONE	VASTNESS	PREDATORRAY
MYSTERYPILE	SEAFARING	GARGANTUAN
ROCKS	SEATHALLOID	COLDWATERS
JETPROPULSION	CROP	DRIFTFIRM
SEACUCUMBER	MIGRATION	OSTRACODERM

Themed Word Search Puzzles: Issue 2

Puzzle # 30

```
M J R G D H Y E R G N A I S P V W H R L F Q R
V P N R N J Z S E A F A R I N G X H U M H T U
S G Q N O I B E N I P U C R O P Y M L T T L K
D C Y A H A L P D V X G X S S L I M E C O A T
X P O I S E D L L E N M I W S N W Y P S O D K
T W U K U G Q L A I Y I H J O F D M A E T H S
N O I R B K T M S R O V C U U E U L M R G Q J
I N I R O I H I C S O J S V P Q T V O O N R G
G S E M I J O B U X L C C T Z Y D N A S A Z J
F Y E V R P M A T Q A Q H A X D N T T J F G W
I F U X R X Z R T E N S V A L T R U I S M B Q
Z I D O H L G K L J K R E C I O N E D R E X O
U C P O F L D T E C J D I S C O V E R Y I N P
W F C M T G U A B I A U A N I J O Q U V O P G
M X H U A T Q I U T W Z K J T W F W F T V J S
D O P S W N I L T G T E N M U L O C R E T A W
Q W O O A D H E T K W W F F D A Z Z L E U W P
J M V N L O X V Q C P S H R F W K J B B W Z W
```

BASKING	SLIMECOAT	DOTTIE
WATERCOLUMN	ALTRUISM	GREY
FANGTOOTH	CORALLING	SCUTTLEBUTT
SWIM	DAZZLE	PORCUPINE
SALTY	SANDY	POISED
BARKTAIL	LANKJAW	SEAFARING
LUMINOUS	SPIRIT	PORPOISING
DEPTHS	DISCOVERY	MOON

Puzzle # 31

```
L K F L M I T A A O A M O G F A C R V Y J Z T
Y H W Q E R A D O P I R T L V D T A P M A B L
F D L M O D Q C B S U D Z R R J H K F N C C Z
D M D P J E E L A H W I E S R O L O C I B U H
I O F L H E M Y U D P D X N J W J Q T X P B N
F J C N S F N N P I T P H S I F R O R E P M E
H V I E D D O R S A L S I D E C M W P K I E E
N T K B L O B F I S H W W Q P S Q N O N I H C
Z M L R S T S L Z I M O I M O O I B F F S S H
T H O K E T E N J A V I D R W R R R W Z U V A
U N B A B D A O B E P F E A X Q I C G O V S Y
L I S E R Q F I X J T P G L J O Y C E E D D N
W C T B C G L T J Q Y N N A O D D R S L N O R
O K E N K O O A N H A S U D E M C H X N A S W
V E R A Z D W R T H I C K C O A T E P C A I U
K Y P D Z A E G A M R B O G N L B L B X U P N
N N O J R E R I E W V D K U G G S R B U C T O
T D T P A S D M N F X I Y E B F L Z A R T N Q
```

FEED	NACREOUS	BICOLOR
CAY	MEDUSA	THICKCOAT
EMPERORFISH	DORSALSIDE	PORT
SEIWHALE	TUBE	REDTAILED
BLOBFISH	SEADOG	PORCELAIN
ALARM	SNEGRIS	LOBSTERPOT
BEAK	HYPEROSMOTIC	SEAFLOWER
TRIPOD	MIGRATION	SNAP

Puzzle # 32

```
L A T S A O C Y X Y P V S S E A S A L E T T E
F U F Y K N D S N S U F M J V M G N W Z I O U
H S C O L D S E E P S A O H A R B O R M V Q U
N T I Y S Z Z Y L B J S T E V E E U L R L T W
G L O S S Y J R E V L I S K C I U Q B R A B Q
Z X G K R Z W R H W F W X L E R R A B F F U P
H L E K E C R M C H O A K S X Z R V B D X V J
R H K Z T J A U N X Y N I I P E K E R A T I N
M S T C U S S O O M J M A R H E W V X W I N K
O I J A P U S R C Y J W I T Y Y L K U X U N J
R F O P M L E E N E D R A G H F Z L M W O N M
T E C H O L O C A T E E O F B J I K B C O Z Y
S R N M C Z G F N V F P Z L Q M M S T O Z O N
L I S W E L L S H A R K V H J A X U H K U A A
E F H K V V U S E I N U X K K X R V R O V N T
A Z Z A I G B S A L O N G P A N E L P R N N D
M D F Z D A D M Z Y V S A X A R Y V P B O Q S
E S O G X K Z T G J G D E L V K P X J G L W S
```

SWELLSHARK	MAELSTROM	FIREFISH
CONCH	ECHOLOCATE	WINK
KERATIN	FAIRYFISH	DIVECOMPUTER
NOCTURNAL	QUICKSILVER	PUFFBARREL
SEAFEATHER	COLDSEEPS	LONGPANEL
BARB	COASTAL	WRASSE
GARDENEEL	GLOSSY	SPELLBOUND
SEASALETTE	HARBOR	NATH

Puzzle # 33

```
C T D S C I C K L Y A A V J E K Q S D S M F E
I S L L X F R E E R I D E T T V N G S S H M C
S F W L Z R U B B I S H L O A S V B X J V U R
N L G C J L Z Y W E F O Z Q R H A I R V J I U
I M O E T G H S A H C N A R B O M S A L E G O
R V Y X L F T E L I Q O W X I A A F R U K N S
T K O H N M U T E F F K R T V L T I M P W A Y
N J E B E L O S M H U N T E D S D N H O K T G
I G N O T A M D I Z X X K U D G I R R L A E R
K R A K E N A R T D E B P L E K U C Y C A M E
W E E F T K G I I Y P S N S T O L L L W B A N
F E R R V J E B R V S N L Z Y A W Z O N P G E
W N U V L A M C A H J I I F R S N E N I G M A
M S S I H W W I M K D P I O R R A U H O B V E
D H S I M T M P Z E G E C D A E H R E G G O L
A A I I R E C O R U H D N U O B A E S H F K D
S D F I P W J R Y C K C K C O H S V I V E H Z
N E A Q I Y W T P G O G I Z E F M X J U K D V
```

ELASMOBRANCH	SHOALS	RUBBISH
LANKJAW	LOGGERHEAD	INTRINSIC
RIDGESLIDER	GAMETANGIUM	SHOCK
HUNTED	MEGAMOUTH	CHEIFYOUR
CORALCROWN	ENIGMA	SEABOUND
FISSURE	TROPICBIRDS	ENERGYSOURCE
KRAKEN	VIBRATE	GREENSHADE
KELPBED	MARITIMELAW	FREERIDE

Puzzle # 34

```
S G I T J B E Q R Q K V B R R B S D Z H N O M
U J O K M T T G E L A T I N O U S E Y T N A M
F P X Y A A U D K U E V U H O O V Y G O X V M
X M O R N L T K E S N E Y E D B A R E D N W P
I X G L D X A T Y T J W Q W A A T R K B I Y N
V I H O A W E L R R S G O S P I Y W N B M R H
M Q E N R D R O I O M Y N D N W S X X N E Y Y
X E U G I G A K N U L Z G I D Z T S D X Y V D
G N Z J N K C A G S T J N S P L X J A G W P C
N I X A C K L Q S W X K I I G A O U U L R D Q
I R D W Q N A S I P H O N O S P G H U E A H X
L G A G Q R C N U N M W I N V H P S B F D H N
K R I O I V E T P S A J L I H K G C K B J V T
N E J M F L H W E B R E D A E L G N A G W M Y
I B E B E P S U O R O V I N R A C Y M P H Y Y
B M G A Q X Q L F F M H T X N I G V R H A R D
T A F X D T W H S N A V I G A T I O N T E C H
I G N I H S A L S X Q U L C H O P O L Y P S T
```

GELATINOUS	RIDGES	LONGJAW
THALASSIA	CARNIVOROUS	INKLING
GANGLEADER	CALCAREA	HOLDDOWN
MIGRATE	HUE	KEYRINGS
MANDARIN	POLYPS	MANTY
TWINELEAF	EYEDBARE	SLASHING
GAPING	LUSTROUS	SIPHONOSP
AMBERGRINE	NAVIGATIONTECH	LINING

Puzzle # 35

```
C A M O U F L A G I N G S I L U R I C H T H Y
O O W R Z O E O S B Q E T J D V H G G U H J M
D U E N W O S R Z M M H K N O O M B R B C S E
A E H E I K M S F R O S I N I G H T S H A D E
F C C I N E A I O Z F I G K B L E A C H E D U
R D N D A C D F X T P F G R R B S P B G Q D A
C Y U L P L A P E Q M G I L H C C M U R Y M X
A E R P E E L R D D Z N T S A L B O D I N C E
W R C A S A Q E I S L I P P E R Y K E J T L V
Y R R C W N E A E Z F Y C Y N O O R V I H D I
P U F K G E M Y B Q P L J G P Y I A A O Y K V
H S P S T R L N L C P F Z I L A K H W F A H R
P R T K E F Y N Q X I V V H N A L S O X R H U
D W P M E I B X T P U R P I I L R F I B H L S
Z J Z R S S J X I R J X M E L C I E D R S B M
U L I C O H V M G C T U I H R V A E A D I B M
L F F X Z W C X E N L G Y F S E Z R R P F Y S
F U X I N Q N G R G M A R I T I M E L A W K B
```

REEFSHARK	CRUNCH	SEAFORME
SURREY	MARITIMELAW	RADIOWAVE
FIREFLY	LUMINAIRE	CLEANERFISH
CAMOUFLAGING	SURVIVE	PACKS
FISHRAY	SLIPPERY	MOON
GLARE	CNIDOBLAST	SILURICHTHY
MERMAID	BLEACHED	NIGHTSHADE
TIGER	DAMSEL	FLYINGFISH

Puzzle # 36

G N I T S E N G V J T D Y E D A H S N E E R G
R C T C P R N O H W G K O J S M T D V J M E D
X P H C N A R B O T S I P O K T E Q S N S W H
P K P M O G H M E P P D J U F T G R A W I R A
R J M R N K Y U T N I J Z Y R G X O G H T T V
O H B F O N F F K C O R O H C E Z U J E N R V
T D X H S I F Y L L E J Y S M O U S B C A Q M
E N Y P R O P U L S I O N V H G C P M E I S N
C I S U C K E R S L M A J C Y E Y I E O G H E
T E K C S E M E A G E L I E G R F V X O O G S
E H S P A B V K J K Q R W P T I W O T O X R L
B C L A G Q U C P Y T T H A L L O P H Y T E N
B E N F N V U I D N E G E L O K D U M B O X F
W R F A D D C L O T I O P C O L D W A T E R S
L M W L I O J F P M U N A U T I C T U C Z B M
A C N U A D E A E V B A J K R S B T I M S Y C
F D L R M S A P W S U B M E R S I B L E T A A
T H Y D K R H R B O U O S W A M T H R E A D D

SUBMERSIBLE	FLASH	GREENSHADE
JELLYFISH	PROPULSION	ECHOROCK
FLICKER	TRICHOZOAN	MOOR
PROTECT	MERGE	SANDJAW
OPISTOBRANCH	NESTING	TOXIC
RADIANCE	SWAMTHREAD	COLDWATERS
SUCKERS	GIANTISM	DUMBO
THALLOPHYTE	LEGEND	NAUTIC

Puzzle # 37

```
S G N K D L X R X K A R L H K B Z H X Q W H P
L H L U A H E B M O H M E K Y T I V I T P A C
W O S U R I E U K R S I U P G P S I Z P M X X
O S E C P U G N I K S A B I E K S N Z S X N D
F T C Z A H A S D E E P Y I S E P A I Q Q F G
R O Q E I P R W C V D T K U D C L P K E Q H B
E G L I D E D E C N E P E P G H I S G D H R Z
T W S Q P M Q Q C D T A J E L L Y D R O P W C
A P C C I Y U I Y K T D N K B P M A A D B L O
W C H K T R E U E L O A O Y L Y U S A R E Y H
C M L C G D E H Z D P I O S C I T C A L A G X
P J K R M O N D M A S O G B B A V L I V Y P Q
K N K E U P A C I P Y T A M R E H S K W R E Y
F R P J S O N I U P I C L B X O H C T A N S C
L O U M S T G F Q L S Y E C W U R N L W T P D
E A N S E N E S F I S A V Y B O G O G I D N I
S Y R S L A L F N N I H E B L A C K W A T E R
H X J O S C V T X G Y B L S S O H D A C Y L B
```

BASKING	BLACKWATER	WATERFOWL
PIER	SPOTTED	GHOST
INDIGOGOBY	ZAHASDEEP	GLIDE
SNATCH	DAPPLING	MUSSELS
HERMATYPIC	LAGOON	JELLYDROP
CANTOPOD	PARADICSIUM	FLESH
CAPTIVITY	SLEEPER	QUEENANGEL
SEASPIDER	ADAPT	GALACTIC

Puzzle # 38

```
T Y B K V J I B Q G Z G Y P N N T D W A Z R F
Y B Z E X O R E V L I S K C I U Q U W S H E R
T J F N N E M S H R B F U Y T Q H Z B K B U C
T C I V F K M W K G Y U W D H G P B S O O H K
N D I O L L A H T A E S W W F F R E Y C N W S
R Y A L P F L A C W C R Q C E I T R S Z B H G
F K S E A F A R I N G H V E L F G Z C P A J A
J E J W U S B L I N D G M L I R I F T D Y S N
G L E M R U O T O C E I I R Q Z S G O N E C O
J I D R N P C S E N L A D E B X I W S M L R I
A P R P E Z G B Q C N F P D O O L M N I D O T
Z Y A I H D Z K Y C L W O S B A V U S A I U A
T R U L F D I K E H X I A C E Y E L R K R N L
U E G F S Z R T E W K V C S Z X R A G D E G O
K T K L F U A P E X C H H K J W Y R R I V E S
Y S C I M M V M Y V G L E J L E S S E V I N I
B Y U A R P N G K S A W R R F B T D S Y L A X
R M M T Z W P P Z S L W S T N I J M O H O P J
```

APEX	RIFT	MUCKGUARD
MYSTERYPILE	ECO-TOUR	QUICKSILVER
SCROUNGE	MURKYCLIME	SEAFARING
CLICK	SILVERY	OLIVERIDLEY
CALFPLAY	POACHERS	BRILLIANCE
SCOUR	SEATHALLOID	VESSEL
DRIFT	SHADOW	WAVETIDEREEF
TAILFLIP	ISOLATION	BLIND

Themed Word Search Puzzles: Issue 2

```
C O O P E R A T I O N Z P Y N W N Z S P N F M
P O V L U W L A P L M X M R A X B A M X J M F
Q U E L T T N A Y O B M A L F W T J M M A S H
H C K I M C X Y S M X L Z A V C A L M I X Q V
T M U B G A Z W V K B A N Z S A X R E F A V C
F U U D O L P H I N P O D E O C E E O X O C T
R Z S B H E L C A T N E T G L C E W F H F M A
B K Q K H M T R E N C H X R N Y Y N L C C R W
Q S K S I V Q X Q J S M L E G F W I D T U N D
C C E U R N R F U S R W L P N R R M Y P I O A
H F R T V S G A E O O I S E A W R A C K I W Z
Q O E K O L D L D F S P O L L A C S E U L B Z
X V W M Q N M K R A J E L L Y S H E L F R V L
T D I I Z O P E G D L W X Q O D F L U I D B E
Y J B S H G T R J U O F N E C N P C T S E A
H O W T C A P S A P B F R E E R I D E T F S R
G U A W W A C Y L H U H T A P D N U O S J B S
F F C Q F Y F L S O I D F M H P F W U I R H B
```

TENTACLE	JELLY	SOUNDPATH
TUSKING	SILENCE	CAIMAN
FLAMBOYANT	HARPNOTES	ANCHORAWAY
DOLPHINPOD	MIST	ASCEND
SEAWRACK	TRENCH	EARS
DAZZLE	BLUESCALLOP	BILL
COOPERATION	FLUID	SHELF
WATERFOWL	FATHOMLESS	FREERIDE

Puzzle # 40

BITE	ETHEREAL	CATSHARK
CUTTHROAT	ASTEROID	PIPE
SABLE	ALTOCAVE	SPOTTEDFISH
KRILL	HOLLER	BLINK
MOORISHIDOL	SPONGE	BEACHWORM
HYPOOSMOTIC	HYDROSTATS	SQUIDCATCH
ENIGMATIC	PORCELAIN	RINGS
DAMSELFISH	MERULINIDAE	SNOUT

G N I E J D R Y N P R X O U L F F P L W G W O
L M G V C P W E O C E A N O G R A P H I C V A
L H H I A U U L S O D A R O D W W E S R Z Q X
I S D D N M J D G F B I X H U A N F L G B J A
R R C D T P H I D D E N K Y T L H A E N R N J
D W J N O S S R P X V F W E V U E H L I R W I
A M A A P U Q E M A E J R O A N X B E S G A L
E S E R O C P V G B D F F X B P A A C I J V B
S I L G D K C I C X O D S K T M N S T O R M E
P C T L H E R L C W M W L V D H T L R P E U Q
E Q P T P R J O L V T M Q E V D H I I R T L H
E R O L K L O F M D U Q N Y A A E A C O M L M
D P Y G Z C S H I P W R E C K D A N R P O A S
B G R I D G E S L I D E R L L I D S A Y V R J
Y C N A R B I V A R Y R M Y I N J Q Y J B O E
P J D P D C E R D L S E A W R A C K W Q I C B
C L A N R U T C O N T C M C O L O R S H I F T
V A U W V D H C J A O Y G K W I S C K C S D V

NOCTURNAL	RIDGESLIDER	HEXANTHEAD
SNAILS	FOLKLORE	VIBRANCY
PUMPSUCKER	PORPOISING	OCEANOGRAPHIC
PADDLE	GRANDDIVE	BARNLEAF
SEAWRACK	SHIPWRECK	HIDDEN
OLIVERIDLEY	WATERFOWL	CORALLUM
DEEP-SEADRILL	CANTOPOD	COLORSHIFT
ELECTRICRAY	SALTY	DORADO

H I T B L E A C H I N G F T E G A V I S I L W
E G E B S C U T T L E B U T T O P L P E P J M
R C L B G D O X H G N X G R Z K J Z B S P U D
O R L G X L T S H T A P Y R O T A R G I M A R
I O E O R A J I S D Y B Q Q B P E R V W T Z I
C K P L C U W V R P X Z B R P Q H F O W W U Y
Y U U I I P I U E I K N X H U X H D J Y U U M
A F R A L A S S O L O C S U Y R T E M E L E T
C R D T W J B Z T D P N A O Z O Y R B T J P S
R U O H Y Y B A O R Q P T E O B M G U L P J E
A E K L C U O X R I N Y A H K O N A M T C B A
Y R D G F B F Z Q F L G D A H F U O A X L D S
F I V E L W P S F T Q G G N D E I A O K U B C A
I L J I K M V C W S S H E S V S O S S Z I Y L
S G A G V S E N Y O L C C U Y F C H T D V O E
H S Y R P P A J U N X I S S Y B K B C E B A T
S X S Z W N J M X A C Q E J P N P A S W S S T
U D Z K Y D J Y C R G L D O K Z T X M F K T E

COLOSSAL	GULP	ALBITUM
FASTEST	SCUTTLEBUTT	CRAYFISH
DESCEND	DRIFTSONAR	MYTH
BLEACHING	MASKED	HEROIC
SEASALETTE	SAILBOAT	MANOK
FLORA	GOLIATH	MIGRATORYPATHS
TELEMETRY	BRYOZOAN	BLUSH
SEAAPPLE	PELLET	SPUR

Puzzle # 43

```
V R K H R M S K I R T U C X I O I I X A I Y O
Q Y K D L D O S O U N D W A V E G K V Q D V I
K E E L H A U L B D E B J V H Y Y G S A D Z I
P R A H S E D A B D C Q W W E X S E A L I L Y
G V E S S H Z S E E S C I D A M O N F Y L A N
E Z B A A R M G G R E Y B W S O D E B L A J R
W Q V L L E U N I O N F T Y T Y O M W J J R C
A V S P N G Y I G N I K S A B S E A G R I N D
Z G D S N G U R S V M D U P Z N O R E H O W O
K X J F H O O Y L A U C H A R G E N N Q X O K
S C U T T L E E Q J L K R A H S L L E W S C W
E C X L N F B K L B D P D Z M H M V G E L Q P
L S Y N Y T P D R I F T I N G W W D L A M L T
T V U M Y Z N E R F D O O H Z C X S M I U S F
L V X M O A I K T D M T G S D K N T P E I O Y
S C S G M R V N S J L H U F N R B F O W O M J
H A S M C I I P P E N I L K C A R W T D D E G
H S T E H J T M X A T A L L N P T L O A P B O
```

SWELLSHARK	SUMMIT	SOUNDWAVE
SPLASH	DRIFTING	WAXY
KEYRINGS	WRACKLINE	RUDDER
BASKING	ALBEDO	HERON
CHARGE	LOGGERHEAD	NOMADIC
SEAGRIND	SEALILY	KEELHAUL
LUMINESCENT	SHARP	HOODFRENZY
CLAM	SCUTTLE	TWIST

Puzzle # 44

```
K C A E T T O M Y D G I C O Y U X W X F B P J
N Z R P G C R A W L B P M A T E F O R L I F E
S U Y V S P I N Y U R C H I N E P D O E S I Q
L R E O M A R I N E B I O L O G Y V A Y X N S
C S J X P U V O Q M U O M F X D T R Z T C Z E
Q F N S C U T T L E A J N A E H C I N O S F A
M Y V O H C N A H S I N K L U M I N A R Y B J
Q L Z G X E A B Y S S S T R E A K Z Y A P Z E
I A R N A O Z O H C I R T L A R E M E H P E W
M K N K E W V G H V X X N V E N J A H L N W E
H K A N L W T X U W W N Z V B H R M I J R X L
N S M R A B N E M U L S C T H E O A M O V T U
N C O T B C R P S Q N T R X M O T S N V T I N
R O N J O V K T O O G Q H I N N U R E F U T P
V V O R R B F V P C U W H J E F O Q Z Z Z A W
Z O R C A S C S E K A C Z E V D U W Y K S N E
W C H V T T N R O U M M R E F Y G Q H X R Q R
W S T C E G A G Z Y Z G A K S R O L I A S V V
```

CRAWL	LUMINARY	SONICHEAN
TRICHOZOAN	SAILORS	ANCHOVY
TITAN	LUMENBAR	SPINYURCHIN
SCUTTLE	CHIMERA	HUMSOPE
ABYSSSTREAK	LURE	THRONOMA
ELABORATE	MANTLEHOSE	SEAJEWEL
MARINEBIOLOGY	EPHEMERAL	CRYPT
GREENTAIL	MATEFORLIFE	MOON

Puzzle # 45

```
A S M S R E T S Y O T S E W Y D X E D M X N Y
D D P G G V B P M M Y H T R B H D Z O S G S P
A N T U R B I N A R I A E R O V I N M O U M B
P A J J L M D T D U F T T D X C W F A F F K M
T B N L B D B L U E S Z X P L K F L F X E C F
A W E M O L S A I Y D B A X U J B I L D O P D
T B O N B H D N M H L E X I M O H P E E W O K
I A O G T Z Q T D S Q V Y T I R O P E S E X C
O B W U X U B U W M D I X U N W R E K H O X N
N H H W U T A S M R L D P B A M K R S V L J E
S U L I T U A N R E P A P J R C N S U V G R M
N G B M N W Q L W I J O C U Y J R X C J E B A
P O B L I T E R A T O R F D H S I F Y A R C T
E W I Q B S O K E L D E R T I D E U D M H G O
T A P A R A D I C S I U M U I L G E S V F S D
S C V A C S M S J T R M I K T V O M W E C A E
C E S E A J I G G E R S W H O P Q S I C B Y X
S O N G S O D Y T Z L D F V B Q V Y M B U S Q
```

POD	BANDS	LANTUS
CUSK-EEL	FLIPPERS	NEMATODE
SONGSODY	WESTOYSTERS	ADAPTATIONS
DIVE	LUMINARY	PAPERNAUTILUS
ROPES	SWIM	OBLITERATOR
SOLIDCALM	PARADICSIUM	TURBINARIA
BELL	OMNIVORE	ELDERTIDE
SEAJIGGERS	MYSTERY	CRAYFISH

Puzzle # 46

```
H T O O T G N A F T K Q B M U K G O B B L E Z
W S E Q O G O L M B J R P K W X W M X G N A K
H O G C A J D Q U E A B P A E X B A U V P Z H
A I R A L I C A R G E R U D N E P B U D U P H
L K J W S H P Y L O P D A E B S N A J Q N M T
E J L S L C S P E R R C X Q H A H R C G S Z A
L W R B E E Q O T U V E K M N Q A C H X N Q I
E Q N S A I D V L O P S T Y R T E M E L E T L
A G L M H X W J Y M W T N A I N E R I S H I O
F C O X W A P H M R S Z S N W B Z P Y D U A G
D T Q K U Y R L A A N G Z V F K Q K M X O S F
H I X K B X E E X L O K H K Q C C H H O C J V
F J N J Y S S O L G E R K Q Q Q N A R I R I Q
N H J K Q G K Z F M M G O D C Q W I L O Y A O
A C I I R S Z F Z K H N G K F B S R X B I S Y
R A R K P U S X H U N H U Z T O C P T H N E Y
R R A K O Y M Y C A M L T F P N A E C A M U C
H D W X X Q M Q L T R A P P E R L E S S L N K
```

SEIWHALE	SQUAWK	ENDURE
FANGTOOTH	TELEMETRY	TUG
GLOSSY	TRAPPER	SEAMOTH
SHARE	CUMACEAN	MURK
GOLIATH	CRAB	POSIR
GOBBLE	BEADPOLYP	WHALELEAF
MORAY	SNAP	BLACKWATER
GRACILARIA	SIRENIAN	ARMOUR

Puzzle # 47

```
U G L U O C T O P U S D T K P O T D R A H B A
A R S A M M A R G L A Y O R R D G W Q U V G I
B A U C S Q G S W R H G S Q A E E O N F M I S
D S O L O H P S H I S L S M X Y V E C W W Q U
V S N V P E V Y Q T I I A P S X D I P E C O D
C P I E W V Z N R I F M L N S F G O E C N R P
T A T Q V O O J V N R M G G W A F S S C R X A
R T A S G D K T N T E E A J F A E P F G E A H
A C L R G J N F C B P R E Q P B N H G W N R B
Z H E X I E V G I D L F S G X M M Y T U V O Z
K E G I C R W I A Q U I A O E A J U H H Z Q S
N D U U P C V R S N G S L S V R D M E N P Y S
I H L U S E T I R O P H A B L I N F S T Y E T
T X F I Q C L B V Q F H M I J N H U R L D H N
K D S M O T A I D G C V N I K E Y R G O T V L
L K B Q J C Q F F A E L N R A B N N K D S I M
W Y K Y E C B L T U R B I N A R I A X K K I Y
N B B J F K F U L R A A R F Q T L J Q B M V I
```

MARINE	CHASE	ROYALGRAMMA
NEPHTHEA	OCTOPUS	TINT
SONGSODY	RHYZOGREEN	SEAGLASS
GELATINOUS	SILT	HARDTOP
GULPERFISH	TURBINARIA	HURL
DART	BARNLEAF	PORITES
DIATOMS	LUCENT	GRASSPATCH
GLIMMERFISH	DEEPCRAB	RECEIVER

Puzzle # 48

```
D C U N R I S H A D O W Y J Z D F Y Y T R R M
L L M O L A S E I L L E J Y H D S K G N K X M
X A U T I K S M B T H A M S S Y O N E B O V V
H W L K A A L B H Z R N E H K L I Y M T K B B
T S T N T R X E L O M Y G Q E F M F R L Z T E
N H I A N O M K L G H O X C C L U I O Q U N J
G A B L E H L F C Q L I O I S L W H F R E R R
J D A P E P Q W O R H W P L U U A T A N L T K
P E N O R O Y B C R W Y H O G B V G E K G R E
I I G O G N B C O R T E X O S V E O S O U E T
N N H Z S E B I V A T A Q P K I T L N M V T T
T W V S R T D O M I N R V L G N I K U L F Z E
R K U K T C S R O E A S C R S C D Q G V J K L
I D A L G R E O W S H F L I P P E R S Y L X A
N F X E K H U Z L M P R T H Q O R K I B G P S
S J U K F N A O L G E A O W W L E H D R V Z A
I U J H O R T Q C D L L U M I N E S C E N C E
C P C S W S R K Z Y E M Y O F K F E L X K K S
```

LURK	EBONY	LUMINESCENCE
CTENOPHORA	WHIRLPOOL	ELEPHANT
GLOOM	SEAFORME	HERMATYPIC
FLUKING	INTRINSIC	FLORA
CLAWSHADE	COURTSHIP	JELLIES
SHADOWY	WAVETIDEREEF	SEASALETTE
FLIPPERS	BULL	CORTEX
GREENTAIL	ZOOPLANKTON	MULTIBANG

 **Themed Word Search Puzzles: Issue 2**

Puzzle # 49

```
O B J P Z S L N S S H E L L Y B R B T B X Y T
K I X M L J Q A D V E N T U R E T T H N T K E
W R H A Q U A S H A D E I C B R F D M A T D G
D S A W V W V D M G S N C N A B E Q A I Z S F
D E T R I T U S L R D N C I K T K S Q R A K S
Y B O G O G I D N I L Z N T C G B T U A K R S
N I F E U L B M X U P E W E A M P Y Y N E O U
D F U A L E N N E S D E T P A I F Y M I L T R
E E D G T U S G T A U O R H F N L E I M Y S F
B E O D N Y G F R Y R P O S N C Y F L A N M A
S P C M E I Z J O P S H M T I E Y E L L L X C
S E O Z T E R F C Q I E U N N S V C Q I Z G I
F W R F O O W A G W F G S O C A T S L T P O N
U Q A F E E D A F Q P I A K P N G R U O C S G
I B L L Y W J W E A P H S T R Y W E Y N P S D
M T I Y C Y I F E S E P X H A B M C L N O S D
X V N F M X E H S F J S G Z H Z P F T E G V R
D X E R C C H E L A V X U C S S P B B B T A V Y
```

FEED	CORTEX	BLUEFIN
CORALINE	PROTECTED	SHARP
PERSIST	AQUASHADE	CLAWS
TRAINED	DETRITUS	STORKS
TAILFLIP	ELEGANT	CYCLOPS
SCOUR	LAMINARIAN	ADVENTURE
SEAWEED	FISH	INDIGOGOBY
SURFACING	SEAFARING	SHELL

Puzzle # 50

```
M F B S P B G E Z E S I F H W K G G T D E S T
A G W H P E G J L O D A F A S Y W Y N A B A M
N H N R M F H T J S U I P W T A O B R O T O M
D C F Y E L T Z X Z G V K P I G O L D R I N G
A A G E M O Y C K K I N F C D S G Y J Q C Y Z
R Z U U B K A J U Y S M I A S T A L F D U M S
I N N E D C R R E T B U S H M A Y F L O W E R
N A U F Q G H A E U T Z T H S I F N W O L C S
L L E C N S S J Z T Z L U E U A X Y Z V Q E I
B U Y D X R I I S M A T E S T V L S Z C B T Z
O F R G R E F Z W Y E W H F A I I F S O X E E
G Q A O V O M A X S P E R R I C H J L U Y A Q
E H T Z O X C H I H Q J N E O S R W V R U H U
Y T I P C G N I D I L G U B D N H A U T U C E
S H L B A A B U R F L U D D V N O Y E S T Y E
E H O X L A Y Q W F E E R T S I U M J H Y L N
R T S S H H X N E H O E W G X D C W A I M O N
G G N A B I T L U M S S T I N G E R S P Q P A
```

SOLITARY	FLASHINGS	POLYCHAETE
VOCAL	STINGER	THRONOMA
FISHRAY	RICORDEA	MOTORBOAT
REEF	WHITETUSK	GOLDRING
MUDFLATS	UNDERWATER	GLIDING
BLUEBOTTLE	SIZEQUEEN	COURTSHIP
CUTTLEFISH	GEYSER	MAYFLOWER
MANDARIN	CLOWNFISH	MULTIBANG

Puzzle # 51

```
M S U C J T Y B C L I C K O T G Q F C H A M E
M F P Q N R Q P K Q C V O Z G E F L R E C R G
D S V E P B S R U B R A T S D Y L I O R U S I
N P C D P L G V C P S A T H Q S B P I M A R A
K U B C R U L G U Y E V J Y R E Z P V I W E W
L U I X S E I C E W L I D A H R H E A T A T S
H S Z P H F D F Y L Z Q F D H P T R H C N F C
L E I Z K I I R F M Z H Q Z G U O S E R J I U
D N E L F R N S X K U U S B J N V R B A R R B
Y P L F J E G Q T S G N E I P J Q A O B W D A
Y L V S E T I R O P H V J L F I M E X L C T D
A K N G W Z Z L C Q E S E C U C N G H I M H G I
U T N L J T L P Z R B B L Q T R R M R F Y C V
D N Q P Y O K R F G J A O L C Z I O Z Y D T E
J G P K S U T E T I H W B T S U H C C A T R R
A T R I C H O Z O A N O N Z P A C B A I J A F
Z Q S I S E H T N Y S O T O H P N E U E N D Y
A R N I S O P O D C O K P B B S Q D D L S U Q
```

CLICK	DART	UNICORNFISH
ISOPOD	SEACIRCLE	GEYSER
HERMITCRAB	CHLOROPHYTA	SPINY
FLIPPERS	FIN	BLUEFIRE
SHELLSAND	DRIFTERS	GLIDING
WHITETUSK	TRICHOZOAN	SCUBADIVER
BEHAVIOR	LUCENT	STARBURS
PORITES	PHOTOSYNTHESIS	GUZZLE

Puzzle # 52

```
W J S J P E O V E H U Y N S T U Z H Z O H O K
G R S P E T Y M U J L R K M N V G G O Q K E N
G I Y Q X S A B W H C K Q O U D C M D B Q A A
P I R P J H Y U U M O R A Y O I G C G Z S B K
Y W E A J I W Z Q F J C R H M R K K S W O I C
A R H Z F V P O Q S F V E L A D Y V I W D I I
A K T V Q E A I J J G E G Q E G S P D R R H O
J S I E Y R X R Z G N Y R L S S T F H T N S L
W H L L B E N S M R I T J T S W Q J C B A A L
G H S Z Q L N O O S T I B E A X X E Y E C L O
S B L Z A W X S K I N M E F B I L W L I W P M
B P W A Y U F K N D U R U S R E L Y K R J S E
P O P D U A U F I A H O F D E S I S P Y R C B
B R I T T L E S T A R N S N A I L S B X D L O
C F E R W H B G H I H E X R T I X L M S Z Z P
S A G N I H N A I G N I D I H W O G O B L I N
N W S W G Q U T I H S F Q S F O Z N W N H H M
S S D O P E P O C X O A I Q M I Y D V G G S I
```

HUNTING	CRYPSIS	BUFFERTAIL
ZAP	HIDING	SLITHERY
IVYDALE	SEAMOUNT	SPLASH
ARMS	ENORMITY	ANHINGAS
COPEPODS	BLOOM	SQUAT
SHIVER	SNAILS	ELECTRIC
ENSNARE	DAZZLE	GOBLIN
BRITTLESTAR	MORAY	BREATH

Puzzle # 53

AMBUSH	SILENT	SURFGRASS
GULPERFISH	CREATURES	SWALLOW
DRIFTFIRM	SAVAGE	MOORISH
COMMUNICATED	HUE	SEABALLET
CORALINES	RUDDER	SILHOUETTED
BOXFISH	BRYDE'S	TRIPOD
COMMUNICATION	BEACON	MELODY
ABYSSCADET	REBREATHER	BLOWHOLES

Puzzle # 54

```
S O H I B A T T A C K P K N N L S U A L W S N
E E X E S X C M V C O R A L S P A W N C M R K
L C E R U L E A N Q B F S L A D I T W I U H Z
B E O W P A J G L H T Y C A C U S Z Z M C S M
B U M V C A L V I N G N U Y X A W L F V K M T
E F O U N D A T I O N L L R E Q P X V L H L U
P H S E W C P P Y B G K P U E S S J Q O D I
J C Z N M B Y M H D E Z I S R E V O R D L N J
D A E K A P P E L C A T N E T B U S X B E I R
B E C R Q E E V I L O S M O R E G U L A T E Y
A B T J O Z C R L W Z G Z L G Y T M B L T U K
R L D R V H X A O M K S G N I L I A T B O L W
B A E U A S S S M R W A P S U V W L Q C C M S
P T T H K H D Y C U F C L W K T R A D Z I P W
Y A N I G A C K K Y C I O Q F R A M E W O R K
D N U R E G K N Y C V N S D Y P Q V Q N R I V
N N H I I Q K X U H O T Z H B H M U G K E Y W
Z Z U K B Z E G O I X R V J B I A E L M H W Q
```

ATTACK	FRAMEWORK	MUCKHOLE
FOUNDATION	CALVING	BARB
HEROIC	SPONGE	UNCHARTED
PEBBLES	DART	SCULPIN
TIDAL	HUNTED	OVERSIZED
EMPERORFISH	CORALSPAWN	CERULEAN
LOBTAILING	OSMOREGULATE	SUBTENTACLE
ROCKYSHORE	NATALBEACH	CUMACEAN

Puzzle # 55

```
E C Y H T R O W A E S F A S T X D O L P H I N
N P A K W O P I N C E R A T Y H P O C U A L G
B I H L N R T V R N B K L D N S S D C B B A M
K Y T Y V H A H O R H R E Z P H G B M R O O H
R N Z K R I D P A F R C M O R N A B H I L M D
Z R D T L A N N C M O A T I D H A I B E Z J C
W K R L Y X C G Z M N T M V K O Z C R P R I U
S C I T A H G F P D E P V N Z O P R I C A A L
L B F E I J M R A D S X L T B M A J L A T G E
B C T N D J E R T Q Q S L L O B D C U L T I W
U A G N A S I R U V T O A P F W V D C D A X E
E L X R S N O I B B E S E F P H I W E E I S J
I X C I W U D F U O T A U E Y D H D N R L W A
P M O C T R L R F X M P K X F S M Z T A R K E
L N K Y N A A A L E E A E C Y H P O V L U V S
E C S X J N D U G A L A N T R E A C H I U Y Z
K I P N F O I O B M J K W L U S K J G D E Q F
K C V Y A S T K R A Z O R C A T K U W D E Q Y
```

SONAR	GALANTREACH	ULVOPHYCEAE
DOLPHIN	EPHYRA	PINCER
PUFFBARREL	MANDARIN	TIDAL
CALVING	KELPIE	RAZORCAT
SHRIMPSQUID	BRANCHING	CALDERA
SPOTTEDTROUT	RATTAIL	DECOMPRESSION
DRIFT	LUCENT	RHIZOBLAST
SEAJEWEL	SEAWORTHY	GLAUCOPHYTA

Puzzle # 56

```
F E I P R A H S N E E R G J W E L M V T I M D
Q P T A J I W N D Q D E T P F R T S O O E E R
R N G R V I V M A N U Q I H T U G A M O G F C
A A B H M T M D A L F Q D C W T S R I T R Q H
U Q K M X Y E I Y T L A S W H A K D A H I Z R
V W I C I H T A G E R G G A Z E U I I E T N O
J N E D P K U T T R J Q V X K R L N X D I R M
G Q Z Q C J G O S L E S S U M C K E V D U H A
D N E C S A K M N F R E V I D A B U C S O G T
I K P N D O B J S V S R Q F T H G I N D I M O
P O B K Q K Q N D B E E F Z R S R E C J Z V P
E S O N P R A H S T A D C E L L I H D N A S H
L K G M V C J N R M U R K U K E C P P U L D O
R A G C I K R A A W B N C I R G P T L K U O R
F G R L L K C T T F U N X P V E Z L B Q K X E
F A E I L T C W K H M J J K E M D X S J A K N
K P J J P S U R F A C E W A T E R B J X B O M
V A K A S S W S E T A I D A R O D K Z S S V U
```

TOOTHED	ASCEND	MIDNIGHT
SCUBADIVER	CREATURE	SPIRAL
PELICANS	DEEPCRAB	SECURE
RETRACT	SKULK	GREENSHARPIE
SARDINE	SURFACEWATER	HUNKER
MUSSELS	SANDHILL	RADIATE
SWIMMING	CHROMATOPHORE	SHARPNOSE
DIATOM	SALTY	AGGREGATHIC

Puzzle # 57

```
B A J H C P E R E G I T M Z B N G A N E R N B
H Y Q J Z A N E M O N E S K R E G N E V A C S
U L G F S N A O Z O R D Y H E Y A S V O P I A
B U B B L E T I P A Q Z C Z H J A I N M V E K
T M L Q N A I G A N G N I D B O R B K X D S B
Z I N V K A O Y N O I T A R E P O O C J R D R
L N F D Q X C I Q D C I N O T K N A L P E H I
Q A W H L B U E O B P B B L M R M P Y P Y B D
E D O H U B Y B H O V L V K Y A G D T O H N B
S A G V K K L Y C U F I J J F K G H J I T G Z
Z R Q E P A D T E N Y N U I M G S N S B O M B
Y C E N S R B A N D N D T N U O M A E S R J K
Q L F T O N Y Y O S E L P P A A E S U T F F C
K S F Z A Q P T R A N S P A R E N T V K I I B
N U O E P W H Y M I E S A S I H R J J U X C O
I A K Q R Q V E O E T A C I N U M M O C P G C
N O B M Q I Q T U L N F Y B M H B V Y F L X K
B I W S H B F X S L W Y D E T R I T U S K S S
```

SCAVENGER	MAGNETIC	HYDROZOAN
FROTHY	TRANSPARENT	BROBDINGNAGIAN
CNIDOBLAST	SEAAPPLE	ENORMOUS
DEPTHS	DETRITUS	TIGER
BUBBLETIP	COMMUNICATE	FIREFLY
LUMINADAR	ANEMONES	PLANKTONIC
WATERS	BOUNDS	HYDROZOANS
SEAMOUNT	COOPERATION	BLIND

Puzzle # 58

```
G L P R F A S T E S T F I R E F L Y O C R N F
V A D V V C E B J V S Q S R V B F F U J O W A
Q R H N J T U N O E L E M R A M A L A C B L E
D E J D A T E Y B O G T E L O I V K E F F M A
W M F K A O L P E I S B W E K M U S G D I Q F
E E S W H D A E H R E G G O L L I Z N T Y R J
N H A I N I T C A R E L C S Y G Q V I A E X E
O P I K M G K Y S V I T I N G E X R S G R W A
R E O K Q A L U Q Z N A I T L X A A I O E P X
U N U T U L O F U I J E I X O M O I O B T U S
X M I D K L F C I X A U O C H D I G P B A M R
M V R F L E M H R N S N R N D B N R R L W S N
O R J R T Y V B T L F I L G L H M X O E K M S
O X A S L S I G N I L K R A D I O N P S C O X
R K H B Q H O A T K P T P G R C G H G B A T L
M G G U L C H H E E U E D A V E P H Z Q L A R
L P F C A Z M G G N A U Y I S W S S T I B I M
F Y L F H D A L S G M L R R J H U K Q O G D F
```

SQUIRT	DARKLING	CALAMARMELEON
FASTEST	GALLEY	FIREFLY
GULCH	GHOSTFIN	MOOR
LOGGERHEAD	BLACKWATER	NEONLIGHT
SCLERACTINIA	MARITIME	GOBBLE
SKATE	VIOLETGOBY	DIATOMS
DIG	TINGE	EVADE
PORPOISING	FOLKTALE	EPHEMERAL

Puzzle # 59

```
V T C O N T I N E N T A L S T A G H O R N F G
N E R A O H M C H S I F Y R R E H C G N K S A
K X E Z L Z N T A B O T R A I N E D D H Z K B
H B W T F T A C R Z A P W X K U K E D G Q G K
M R O P T L O V S Q D S U O N I T A L E G F F
D D R G E A M C E A D I I M R O H P N H J Q I
K I R W J C I Q A I F Q K Z A J D Q U K D L O
H Z U J X K D Q T V E Q E C A R T L L E H S K
V R B Q V X B U T T E R F L Y F I S H Z Y A P
I I M D S D I N A E C O C O R A L I N E S D P
B G V R D S F W A P J Q J V U I J B Z Z S L W
E P M I E F S S D R E D L I U B F E E R U D J
F Q I F P D C A R I L S X C U E U T O G C U I
Z C G R P A N Y L C E T A C E A N Q I B C H Z
Z V R O Z C R E N G H O R N Y B A C K U U Z E
O S A N J Q L O R Z A D A P T I V E E U M R D
P J T L K E A S U Q R I B B O N R O T P B B L
S B E N V C H Y O S B T R E M E N D O U S G Q
```

TRAINED	BURROWER	CHERRYFISH
PHORMIIDAE	MIGRATE	TREMENDOUS
REEFBUILDER	HORNYBACK	STAGHORN
CETACEAN	CONTINENTAL	ALTOCAVE
CORALINES	OCEANID	ADAPTIVE
SUCCUMB	VIVIPAROUS	SHELLTRACE
GELATINOUS	DIM	GLASSSQUID
RIBBON	BUTTERFLYFISH	RENDER

Puzzle # 60

```
E M S A D Z N L D N U O R R U S N J D U J Q K
Z E V B U R A I E S Y M B I O S I S H N Q U C
I M Y X Y E V M H E V A W R E D N A W D J L J
L S E J E V I P R S A H F T R H R M R E C G T
I F R X C R G R E B I L A V I V R U S R R J H
B Z G B M A A I E T H F L L O Z V B K S U K G
A O C V A C T N F Z J J F E K D T D R E R S I
T P N O W L I T F O V X R L B J Q X A A L T L
S V U F R L O I O M P S D A O K F Y H S H R N
B N Z W I E N N R J B R Y X R W K S S Z E E O
O C M S E H T G M D N P O K E L L G E N R A E
U M N D Q S E Q E T A E H C Y L O P S C M F N
N D C N I N C K R C L U N G E N F A R M I W W
T N G N L P H R H F C K D W D D U K U B T V B
Y R O T A R G I M C F K S T N A H C N T B U W
Z Y J F W P D N R O N Q E T C K M O N S T E R
U F Y O G Z C A I D C G S I W M L L I R K D M
M Q L Q H C J M G G Q L Q D F I T Q K E V N O X
```

NURSESHARK	LUNGENFARM	COD
CHANT	KRILL	POLYCHEATE
SHELLCARVER	SURROUND	SURVIVAL
SWELLSHARK	NEONLIGHT	REEFFORMER
MONSTER	SYMBIOSIS	GREY
WANDERWAVE	STABILIZE	NAVIGATIONTECH
MIGRATORY	BOUNTY	WOLFFISH
UNDERSEA	IMPRINTING	HERMIT

Puzzle # 61

```
W Y B C Z O O X A N T H E L L A E R Q T X U Q
F S E T A R E P O O C K E R C Q A U N D R P B
Z J Q K F S W X Y S M H H Z R T Y T P S G A A
S P M Z R G F Y O G C W X B A E G M O O G O D
V F S A Y C S E X C E T J V B S H C G D W L N
K J E E G I W Q W W O G A B H S N T K F I D K
H C N E R T A N A I R A M O U A Z M A R J U I
D U U X B U L Q X K A B C E W L K I P E W C C
R F Q R B R C J E S Y K V J W T U G D P L A B
E M O E C T O T H E R M I C T T V R C Y I R M
D I M A R I N E B I O L O G Y R B A L T V X P
N O I S L U P O R P T E J X O A E T E R B A C
E L T I F I N T R A C K E R V C U I O N L F X
R N O I T A C I N U M M O C O K V N J S C I I
G E F F U S E S T A R B O A R D D G L S I K E
B O X J E L L Y F I S H A C G D R I F T E R S
E Z L Y F E V A W R A N O S Z L A J Z K C Z N
G D U D G P E A R L J E L L Y T L M P K T P O
```

COOPERATES	EFFUSE	SALTTRACK
MARINEBIOLOGY	COMMUNICATION	SONARWAVE
DART	CLAWS	MARIANATRENCH
MIGRATING	AVATAR	FINTRACKER
SHOCK	BOXJELLYFISH	EARS
ECTOTHERMIC	ZOOXANTHELLAE	STARBOARD
TAILSLAP	RENDER	LEATHER
DRIFTERS	JETPROPULSION	PEARLJELLY

Puzzle # 62

```
I A M I R X L Q B R U M U I R B I L I U Q E D
P A Y C M J S G J T W B R I G H T E N I N G O
O H Y O M E G A M O U T H Q Q U L S G S V K X
Y Z B I M Q J L P I R O G N K D A S C D E A A
J F O D X T T J Z W A K X O H F I A I E M C Z
C K B G P A L I H G X S R B F N D P T B O P T
N I L R A M I S U L F I D E G M A M K T D H E
J U C K H Y S N U I E B S U J J R O N L E O D
N H S P E Z U T S F L G W Q W R H C A I R S U
U X D H R R U C A T B E A D C S V N L S U P R
G P M N J O A N D R I F T S T O N E P O S H Y
M U T M T L T T Z D S Y L L F O L L O W S O H
F O Z O Y E O E I M I P I K I G P W B Y E R N
Z H T F E I H T C N V N A U P L I U S G R E V
D K O T X I U L F T N V L A V I V R U S P S B
B O Q G L C R A W L I O S V N V C C B Z Y C A
T D F S E E W K U L D O F R A M E W O R K E R
H C Z M T S D B D R N H N U C R X B O C K W F
```

CRAWL	BRIGHTENING	NAUPLIUS
DRIFTSTONE	PROTECTION	INVISIBLE
SILT	PLANKTIC	SULFIDE
RADIAL	PHOSPHORESCE	KERATIN
PRESSUREDOME	SURVIVAL	FLUIX
MEGAMOUTH	FRAMEWORK	SCALYFOOT
FOLLOW	EQUILIBRIUM	MOTTLED
SILTBEDS	ENCOMPASS	MARLIN

Puzzle # 63

```
E G A L I T R A C E K G P A D Y N L H P M P H
N I F T S O H G C P V A C K D E L K C E P S T
B X I K S J D A I R E T T E N F E E R G Y W V
T N E T A L V R M A G S T R A T E G Y K I S L
C C G N I T N I R P M I R T W S P E R N C E Q
G R G S M Y S T E R Y P I L E H R U E N K L H
F N A E P A C S H T U O M A A I M L V I W A A
N G X W D R S P T P L O F D P E E Y C E J C U
Y H C D F A C Q O P Z E P S I A R Z L C D S T
F R F P V I M K T X R C V R F D B J F J N G H
D I Q G W B S U C S C W I I N E H N S C E N G
G Y P U A Z G H E Q W A O N A O I N J K G I I
M X A G K P L Z K U B A R T E T P B L V E N R
Y C N E B M A L R I S E L A O R H Z S U L N B
K T O H I G D H I R T C A Y V I A A R J J U P
D A C C R H X W L T F Z O K L A E R N D Z R I
V O A T J T Y E L M E F Y V G J N B Y S L C H
O W P D D V R C J S S C Q C P M C S J Q G K C
```

CARTILAGE	MURKY	CRAWFISH
RUNNINGSCALES	SQUIRT	LATENT
SPECKLED	REEFNETTER	MYSTERYPILE
KRILL	BRIGHT	ECTOTHERMIC
CINERARY	IMPRINTING	STRATEGY
CARAVANS	TWINELEAF	GHOSTFIN
BEAK	LAMBENCY	SPIRE
LEVIATHANS	LEGEND	MOUTHSCAPE

Puzzle # 64

```
H Y Q S M T B Z B Y P E M Z B C I R T C E L E
Y V L M Y G H L X X R V R O L U B P V F T H S
P V W X M M X E Y Q B A W Q D T F S B U Q C G
E R L S O T B N R M W W K M D V E I U D E Y Z
R P H U V B A I N M U M G S T E P M I L F B A
M U E D N P G C O H A E E Y K C R G P A Y S V
E Y L K P G N I H S A L S W W Q E N E Z R W Q
T R D I R A M M A G I O F S G U P L K R C Y S
A R S O B X T E S U S S O L O C E A E F I E O
B G I E P G E N E J W M D X N N E Q B N M S P
O L S Y A G A O R Y T N A M I C R E U I I V X
L T D N G T R Z I W N Z C W N I C Q C I M U I
I K N I J Q T H F I K I T G E T A T L K K B E
C E Z Y Q E H C E V U A W N E O E S A A I O A
T I Q Z Y E L I N F V X W I L M S S R E K F C
J I X T A O E R I D L A J B A S C T O B X X V
H V H Y P B S T P I R E H S B O K J C C Y M T
L O S N V M S W S P H W E D E E C A F E U L B
```

BALEEN	EMWAVE	FLEE
SPINEFIRE	SYMBIOSIS	MANTY
COLOSSUS	TWINELEAF	SLASHING
BEAK	GAMMARID	THERMAL
LIMPETS	RICHZONE	CORALCUBE
HYPERMETABOLIC	GANNET	SEACREEPER
MIMICRY	PRAWN	OSMOTIC
BLUEFACE	ELECTRIC	EARTHLESS

Puzzle # 65

```
F Z F W T C A I O C Y C N E B M A L A U V E A
I A A G A E J Q M F W H R F E J A V Z Z B L I
X O J N O C W I I U K K T R V O R T E X T O P
F V L I R R X F R S P O T T E D T A I L Y J E
R O R K H X Q I N I F E S I R P R U S S C A S
S J G S T U Q Y I B I U D E C A R B C R A W L
R V L A T O A M L Q D G R A P P L E E F J H H
C W T B U Y E E S R O F K R L R H S Y J M S H
L E M J C R W X A Z D Y C N F H M D H J I I S
V Y W Q G I P T M O T I O N Y K C S Q Q L F A
G D D E W B S C I T A X Y F Y U I U G P L L N
A Z D F G R E E N T U R T L E F I I M T E A D
P I R O U E T T E C T I D E G A U G E T P N S
Z V G B G F F L O T S A M O G T Z U G M O I I
D H S I F K A E B Z S C R L X S X V N J R D G
J P O L Y P S P I N K F D N L X V Q D Z A R N
I I Y U V R A S A V L I O W D M G W P A F A X
L L X R E X T R E M O P H I L E D R U W D C E
```

BASKING	BRACED	POLYPSPIN
VORTEX	TIDEGAUGE	GRAPPLE
EXTREMOPHILE	CUTTHROAT	SPOTTEDTAIL
CRAWL	FLOTSAM	SURPRISEFIN
FROGFISH	MILLEPORA	MERGE
PIROUETTE	STARDUST	BEAKFISH
GREENTURTLE	LAMBENCY	SEPIA
CARDINALFISH	SANDSIGN	MOTION

Puzzle # 66

C G L O O M M S U P E R H E A T E D U Q U F I
Q F S E V S Y Y A D A E H T N A X E H W G E K
Z R Z B C T A L X M W D C O J X E R H G K A B
C M R X F A R J C I A B N D T N X V W H C T V
F E C A T N C N O J T S I I E L N R J G O H R
B N G R U T I E R U E A D X I T T T S U C E S
J R N D Y E R E A L Z L O I R B R I C Y A R M
E O I F I N T R L E S I C T J M N A S R E S D
Z H H U K N C G I A R N Y W D K L A H S P T R
K G S M M A E H N P L E T N F K A F A C Z A I
P A A J M E L S E F A H E I D S B O M O N R F
M T L L D Y E U S G T A S H F A Y V Y Y M U T
C S F W H L Y L R H P H M P R B R T A H T D S
Z A N R R Q U B E S D J P L O O I G G N F K T
K K M O N S T R O U S B B O L D N G Q X B P O
N H S U R F M N K S N E S D I A T Z G M I D N
H G I T G A S S L C H Q J Q C G H S Z T K P E
Q B C M L P Q B K O F O Y X B G T U U N J F J

LURK	GLOOM	INKFISH
DRIFTSTONE	ANTENNAE	MONSTROUS
LABYRINTH	HEXANTHEAD	STAGHORN
LEAP	RUSH	FLASHING
ELECTRICRAY	UNCHARTED	SALINE
PEACOCK	CNIDOCYTE	FEATHERSTAR
FROLIC	THERMAL	BLUSHGREEN
CORALINES	DOLPHIN	SUPERHEATED

Puzzle # 67

```
C Y C L O P E A N E S C O R A L L U M E L X W
T J X Y A A G W M U C X S B F T T D F I D F N
N J S H J M X A R W F A A E R O L K L O F F A
E K G X R P R P A T G D R E L N F I B A J E O
I A B K D F R T W F Z Y E T P B U Z Z O D B K
R O L C L I E V A V M C E L L O E N E Z W C R
T W P L S R A F H S O Y E R X L I W D V X N A
U B E E C X S A P S E P Z L O N E S T I N G D
N H F L J R H G H N X A A W B H O H S B A P O
S I A Z T E P A R R O T F I S H P G S A L D R
N M J O G G P S E F Y Z J G U S D O K R C M D
W E Q X B E E A R E W A B H W E N M N Y Z T Y
D B F L E N R E D I R O O M O P N T F E S Q H
W O D K I E E W F G C F R G Q I X B M X T I V
J G P T H R O N O M A H K Z Z A T T Q N L C Q
H L K H I A E A D I I N E O C O R T S A J B Q
D O X D Y T A U Y B F I N W H A L E F G B Q L
K I E K H E H S K J C H A N T A Q U I F O R M
```

REGENERATE	NUTRIENT	SURPRISEFIN
SHELLFRAME	CHANT	THRONOMA
CTENOPHORE	WATERCLAM	CORALLUM
PARROTFISH	AQUIFORM	SEPIA
SHELLTRACE	FOLKLORE	HYDRODARK
CYCLOPEAN	CASSIOPEA	ASTROCOENIIDAE
NESTING	BUZZ	ECOSHAPE
FINWHALE	MOOR	FREERIDE

Puzzle # 68

```
C M D B Q P T A Y F M U D V R R V J Q G G Q B
X N E L N O X A G Y A D A H Q R H B B N H J G
T Z P U S L E E K E S T S W T L Y U I T T N A
Q A I E B J L O Z B R I T U A E I F T M E K P
T C R T H Z X B B U F B Q C G N E L A N A O I
T V T A N C G R N T T H Y C Z E R E B B U L B
S N S N K S M Q O I U I J A R D T X H I A E H
T K E G T X K R P D B D G R S M R A N S K H P
R S D M V T R X V A I E L A O C R W W R U P M
A E R Y R A C J J L L I E V E M I X I K R G C
N S E U P O Z K Y A A L N A T N E L V C Z R J
S P O P B Y T O U R H U A N G C L B O M E N T
L I O F F R B J E P E G C S Q C W Y A R U N V
U L Y C I M A N B N N V P G L S U U J P R C J
C C P T B L N N L F V A L O K K P O Z J U L O
E E X E N I B Z O R N S U I P Z C R I N O I D
N F B Y P A M G P S F D R L S O N I Y G J H Z
T S Y S W M M N D L H G W F O R K Q Z C F K G
```

SPINNER	NEMO	KRILLCLOUD
SONARBURST	ARMS	CRINOID
GLEN	HIDE	TIDAL
STRIPED	GUSH	SILVERY
SLEEKEST	PARROTFISH	MANTY
ECLIPSE	TORMENT	HALIBUT
BLUBBER	TRANSLUCENT	CARAVANS
BLUETANG	WING-SPAN	REEFING

Puzzle # 69

```
I D U K X O S V G H C C T P R V P N T A Z U T
N S X M F E A N G R O S N A C T D E E W J W A
Y B Q O L D I N U M M O E Z I E E Q T L E J U
R K W G G L I O O M P M M T D D C K U R G V R
S K U T K K Y S C R R W N S J L R E S G E Y S
E B O N C F S O X I E A G J N Q L E I B T L A
A D I A I H U H E N S L I H M A K L A D C U S
F E R E A R R T P L S Y L N T A M C N R I Z F
O T H R T Z Q U A Y I L A K N T D U T E O T M
O C K S L T X K P K O D L S E K O K W T L T Z
T E H E U Q E D O W N O M N O B P L A N U U E
Y I F D M S T U D Q F A T T L N V J R U M B M
P I H U I V E S S E L A K L T J V N K H I E B
S M Z C G P V M F C C B E X O H O P G L N C A
D Q M E L T J X O L N P H D V W E C F L A O T
Y P C N O G T F E I S E O L Y V K Y T E R A
J P S J W T A S E D O O H P M I R H S H Y A D
Y R L Z Q A Y S U J S E L C S C N I K S Y L M
```

TRACKING	GLEN	SHRIMPHOOD
SEAFOOT	SEDUCE	INKLING
SPELLBOUND	SHELLHUNTER	COURTSHIP
APEX	LUMINARY	CLAMSNAKES
BUGLES	TENTACLES	COMPRESSION
TUBECORAL	CHEIFYOUR	VESSEL
ALIGNMENT	LUMIGLOW	SKINCSCLES
PETRELS	FOLKTALE	SHARKEY

Puzzle # 70

```
T U R E T A W K C A L B K F K K D P U S L Q S
X F C I T C A L A G C V C R U M M K E F O Y K
L E S M A D N H B T J B O E N N M N F A T B Z
G H P F I A F D G N O S H E M G I U F W E V F
M F K D M G J O I U I M S R I L R B U C D H G
Z K S I W N G F N W O F G I E E F O B I A G N
Y B A H N I G D M S H A A D P X P N R Y C D O
X C Q K B N L Y S B O X I E Z Z C E F G S A G
G F B F A E B B I K L T A D I C L T R F S J U
N Z Y F S T M E G L A G L A I K I A U O Y C D
I A Z S Q H F P C I N U A T J N C K S L B W M
L J D O N G Y L I M A F O L H V K E Y K A K V
L O J I O I S X N C R M Z U Q M I R Y L I U R
A X W N R R K B R U S N Y Q O V N Y R O D L R
R E C V B B K L Z O S J K T G A G L F R S T J
O Y K A T W P A T H Y H T H Q E U U F E Y Q N
C L N R F L O A T E R S B O T T L E N O S E H
B H Y E J C E I E R E G R O U P I N G A R K F
```

BOTTLENOSE	BRIGHTENING	FLOATER
DAMSEL	FOLKLORE	GALACTIC
BLACKWATER	FANGFIN	CORALLING
SURF	OSMOTIC	TIDELINES
CLICKING	SHOCK	FREERIDE
BOUNDLESS	BONETAKER	ALGALGEM
FAMILY	CAIMAN	NADIR
ABYSSCADET	DUGONG	REGROUPING

Puzzle # 71

```
G A R E B N L P C L C B F R A T D W N X I B P
N T V C D E P E P U E Z D A S C Y L L U S M D
D K Z S E C S Q W F R H M F C C E Z F S N I I
A L Q D N R S I I Y A Q S G V S L B L G A C P
Y C G A I O A B N A H A G K C U Y A L O O C E
O G V O A M R O V L S Z U B S B J C W Z C J N
A F G B T A G Z C P B J M E H M Q A H F L I E
H N I K R N F K T G J U N E E A S R T N I E H
L M D O U T R U Y I T I F Q B R D N N W C N P
A B T I C I U D W U L J F G L I H I A O K X S
N A D I L C S F A L O R F V R N G V I L C R O
W N P M M O J L A I C S G K E I O N G O K H
C N V Y L E I R H E N A M N O I L R E I M G P
E D I L G S O G X L L I S T R N L E G M P G L
T K M Q M C G W Q X D F F R H P S C R U A V L
E J W G Y S A C R O L Q I Q E B G Q O L S O O
H Y R E H T I L S A Z H Q Y Y M G Y G I S N E
B B P D E L L I R F C E P H E M E R A L V S G
```

CARNIVORE	EMIT	MUTUALISM
CORALLINES	GLIDE	EPHEMERAL
PHOSPHENE	SUBMARINE	CLICKCOMPASS
PLAYFUL	SLITHERY	DASCYLLUS
GORGENIAN	SHARE	CHIRR
LUMIGLOW	SURFGRASS	CLAWFINS
ORCAS	NECROMANTIC	CURTAINED
FRILLED	DIG	LIONMANE

Puzzle # 72

```
X I I B J E V Z W Z C V K H P Q X H Q C E W Z
Y L O T U J O A I E D I D E T R A H C N U Z T
G F G S R U V Z C M M A D O C X G S O K E I E
Q B N U A I K P U L A W N P R H Z U U M K N I
K Q O P Q W G E L T N V A C J S C G R N F Y K
R D D O U S E S U Y S B X V E V A R X I V K D
U M O T I P N S A G Z E N R E S R L I K X H E
V P R C C U T T H R O A T F C T G Y F V Q X N
H R A O U M V L L P Z K T C N E O L U I Y A I
M T H C E U Z Z E X A E O U I I A L C F N L A
U K C I Z T X E E R U D A W U N I H C R U J R
N Y R M K C O R K U Y G A M M A F I N N E D T
C I A I E R O H P O R D Y H U R D L Y D V R A
H W C M M L K I K N Z D L A B R W U Z D Y E P
R O T A D E R P X E P A J N W O R C L A R O C
B A J Y C I D I O S U D E M C W Z W H E C X W
V I P K R A H S N I L B O G M M Z I N K I N G
A Z R M B H Y I M U F R B Q G W C N H Z H N C
```

TRAINED	ROCK	CARCHARODON
URCHIN	UNCHARTED	DOUSE
HYDROPHORE	STEINARROW	DORSALFIN
MIMICOCTOPUS	GOBLINSHARK	APEXPREDATOR
CORALCROWN	KEELHAUL	EMWAVE
DANCE	GAMMAFINNED	COD
INKING	GUSH	CUTTHROAT
BEAKED	CARGO	MEDUSOID

Puzzle # 73

```
V H M R O F I U Q A Y E C A F R U S D Z Z I R
T O L R P J C I W G R A N D D I V E W V K D U
H N B C N A S H Q Y B F C F M R M W W F D N D
E Z I V G T E Z M H U E N G Q L P N A B T I T
R X W I A M N M G E B J E T B L A C K X X B F
M M T S P O I L S Q B T S E U Q T A R L S C L
A R V S I N D O Z M L K Y E L T B F X D E N L
L U C E E L R G H Q E H J T A E N I U O T A K
Y B P L X T A U E C T I G L O R F R I W O L W
P N A T N H S U E N I W T M L K S E J E N B N
K U D T I B U A T A P P A O J J O F S Y P T B
C O Q I F H S I F T N E C S E R C I X H R K U
R V T R A N U H Y N R K K J J Y A T F Q A M I
G H G B E H S I F G O R F M O O S I W T H R Y
Q Z A M M H U D G G B O X J E L L Y F I S H K
R A R Y E P J D D C J A T S I M O R H C O D M
K R G M Z B P E S T E P M I L R Y L U K J M N
X W G C P H P N F I Z E P G N S F B V N B U A
```

SARDINES	AQUIFORM	GRANDDIVE
FIREFIT	AMOEBA	EARS
SPOILS	LIMPETS	CHROMIS
SURFACE	HIDDEN	JETBLACK
FROGFISH	FASTEST	TWINE
THERMAL	BRITTLE	BUBBLETIP
BOXJELLYFISH	BLANCBINDI	HARPNOTES
CRESCENTFISH	SHARK	QUEST

```
I H E S B J S G N A Q U E D U C T J F Z R O M
E N L H O F V N M Y M U M J E G G S O V D K T
W N Y E Y W O I Y X S Y U E Y S B O S Q E H I
F I C L O V M K S T F I R D S E F M G G E R Q
D G U L P Q O C N A H Y D U A N S S R P W O P
R D L H R O C A H N F L E U R O G L E L K G O
V O S U K L H R D B R X E L Y Z N D E L C N L
F C G N B H O T K C C X W D A L I C N E O E Y
U S O T S L A R E N I M A J Q A H B S B R T P
K J V E Y C O H E O N I E S P D S O H W T H L
C R T R K W A A L X X R S P O I A C A V Q E A
A P T S M T K S H I N E Q N Q T L Z R B V R C
B C N A T E L S S A B Y R I A F F T P F J W O
P N E J H G C I T I L A H T A E S K I B I O F
M T O J E D N A V I G A T I O N A L E M D R O
U J O F J Y X P A V D E R O H P O N E T C L R
H F G B T J E X Y E R I C E U O F F I N O D A
K D L L A F T H G I N K F N B M A N C I E N T
```

TRACKING	FIN	GREENSHARPIE
NAVIGATIONAL	DRIFT	SHINE
ROCKWEED	SEATHALITIC	FOLLOW
HUMPBACK	NETHERWORLD	SHELLHUNTER
ANCIENT	AQUEDUCT	MINERALS
CTENOPHORE	FAIRYBASSLET	SEAWEED
BELL	NIGHTFALL	FLASHINGS
TIDALZONE	TEAMWORK	POLYPLACOFORA

Puzzle # 75

```
Q L L U B N P R S P V Q J Y A R N O O G A L R
F C A J P I Z E J L F Z U U G J K V S J E W L
X R F L O O D P R V T H R E E S H E L L P E E
J I B O R Z L E Y O W A L E M I T I R A M S R
N W G D D L U E Z A S O C E A N I D O G R J A
D E X I Y W E D M M M T F B U N N Y F I S H H
I K V H L U N E E D U G R T N A H P E L E W A
Q T V S L V I V K S H S W U D S C M X C C Y E
X T R I E K R I H N V O M M M F D O T T I E S
Q F H R J S U D C B I Z S E D L X M S W T N T
L M L O P A A F I T K T K H T W I Y W K N L K
Z E J O U E T L L L U D I Q F S M K U L A P T
C J A M T C S A T T F M A G E M Y Y E Y G R M
N V C P M S E S F Z V F Q W E P T S U C I H O
X Z A A I G A H G J H Z R T D C K W O E G N M
H W H J F N D M O M T O R L I N N A Y C C E M
I Z X Q F G G L V M O Y W L N I L J D L E Y U
Y I T K O U M B R E L L A H G G R A C E F U L
```

GRACEFUL	DULL	LAGOONRAY
DIVEDEEPER	OCEANID	ELEPHANT
BUNNYFISH	THREESHELL	GIGANTIC
SYMMETRY	FLASH	MOORISHIDOL
DOTTIE	FEEDING	ROSTRUMLIKE
FLOTSAM	ESTAURINE	MARITIMELAW
ECOSYSTEMS	BULL	UMBRELLA
SEAHARE	LEAPING	JELLYDROP

Puzzle # 76

```
R U W T Z S Z O S M O T I C F S J W N O R Q A
X K Q A P H F Z I P E P H Y R A H D K C O A H
G E L A I D A R S O H P J J O M O T Y B N V W
G Z P V O U H U P A Y Y J D J K Y C P Z L V S
I T O O F A E S O K H S C E C S L Z F E I Y W
E H C O I I C F T S T B E O W O G K H W D T I
B O X J E L L Y I S N F D R P E F L F L K C T
Q W T D D E G W R U H X J E O H L N F F R Q H
A D F X F K S K R M Q Z A E U V Y F Z W S T S
W Z X M P K Z C U O V N M D K M I T I G N H T
N P L C C G N X T G L G N D Z M U N E S K E A
P Q F A I S G N I R Y E K E B A V B M Q H C N
S H M A A R A N O S T F I R D J E M W O G J D
L S Q U I D C A T C H Q N J C R S B I M Y O J
R T V I P E R F I S H G W P H Z S J O K A P L
E S T A R F I S H S E A W A S P E Z L G D R D
F L Y N C H C Q D S O D H C N I L F B S B O T
D U E X H S A D X U A N E M O N E F I S H B Q
```

EPHYRA	FLINCH	SEAWASP
SEAFOOT	VESSEL	OMNIVORE
KEYRINGS	DRIFTSONAR	DEPTHS
RADIAL	DASH	BOXJELLY
JEWELFISH	DOCK	OSMOTIC
SMACKSWISH	PHYCOPHYTE	ANEMONEFISH
VIPERFISH	CYCLOPEAN	TURRITOPSIS
SQUIDCATCH	STARFISH	WITHSTAND

Puzzle # 77

```
X Y Y R Q C J G L D G U S T I E F I F W W W N
S E R U T N E V D L M R C J N F A I Q X X F I
T D Z M S T R A H C Y A R P S P E R X Q P U T
F B J Y L E B O N Y Y O C T H A L A S S I A R
I Y E T M T J G V G Z A A K S F U T A L E S Q
H W U N U O Z B J T G R Z P E X C I R Q S X P
S R R U R R S A B L E T E I V R C I S N P E E
R L U O K D X G O M E N V H L X E N E R V E E
O X R B Y P A L S L I A T S M U M L D M O G I
L N H C C D N D Y D B Q S N X T R F R N N N U
O U M I L S F T U K L W L O R N T A G A K I J
C T Z V I O D U E H I T A I L F L I P U M P B
B R X R M U E B T P N D O N D M R A Z T E P Z
A I U H E N U I Y K S R L A A J Y X G I R A I
Y E Y N B D J L L T C O R P A A U T X L G L O
A N B A G S K A J E A N J M G X K P W U E F H
G T W J U Q F H Z Q L R O O F L D H U S D R T
X A D E P L A C S H E X Q C V Z T K E U M A D
```

TAILSLAP	EBONY	SCALPED
NAUTILUS	FLAPPING	NEMO
VENTURE	MURKYCLIME	MACKEREL
SOUNDS	SABLE	COLORSHIFT
THALASSIA	COMPANIONSHIP	MERGE
BOUNTY	BLINSCALE	HALIBUT
NERVE	NUTRIENT	SPRAYCHARTS
TAILFLIP	TALES	EARS

Puzzle # 78

```
S E V I S S A M K T D H C N A R B O T S I P O
L D Z G R E T E S Y H P O G I B L J R E Y A G
O A C G N Q S W Z T I I G N V W C U U V F N B
S H T N Q I S R O N T O Z W O Y I Q A S S E P
S S F J L V L M K U K X X D K N P G P E A D C
G W F H S Y E L L J O D D X C T O R H W E U D
N A Q F D H Z O E P A D D L E T C E Y E S Q X
I L I C E T V V N T C B S H K I S V R U H N E
K C U B S E L K L A Y R K I R D O I A G G I T
S Y H R P P A C J M G R R G W Y D D N B I L I
U F Z M Y I Z A Q O N F O F O H I A I A H B N
T B E V L J M L I N I O W T A O E B M S F O I
V H X H O Y A B L O H L M D S R L U U U E V F
E R V F P U B L M R S K A V L N A C L T R F N
N E D D I H G T M H A T E H C S K S J O R N I
Q X C F J Y E B U T L A T V F S A N D S I G N
X M Z D S H O G J C P L B Q S A F O D A C V H
R I G G I N G M E F S E I S V C N R K Z V Z J
```

PADDLE	MASSIVE	CLAWSHADE
TUSKING	EVOLUTION	SPLASHING
BLACK	OPISTOBRANCH	FOLKTALE
TEAMWORK	KALEIDOSCOPIC	BEHEMOTH
SCUBADIVER	RIGGING	HIDDEN
INFINITE	PHYSETER	HIGHSEAS
POLYPS	LUMINARY	TIDYHORN
SANDSIGN	STORYTELLING	THRONOMA

Themed Word Search Puzzles: Issue 2

Puzzle # 79

```
G N S E R P E N T S T A R P D D E E P S E A K
K U I H L P G J E E K A H A T B S A Y K I U V
Z L M S S R B V T Q Y S B L O A P R A Y E T Q
B J R X D N A U P L I U S S O Q J H R U B Y J
Y S I L Y I P P T F N L T E T Q N F E J A L E
T A Z Z F O D H K R U Q A K H U O P H C I U L
A S R R A I C A R U B E I U E T R I T P A D L
F Q R T D T E R T S R N L L D Q X G A U C T Y
R L J U A B P O U D O U F F W A S N G C K S D
E K A C B Y V F B B W I L G H H H L L Q Q O R
B A Y S D R X R B X N V I L A L O I E F P S O
R B F S H Y A I R S S C P J L P M X I S P C P
E Q L E K I R N F U T H M S E A H Q Y R S M M
A C E A U O N K O X R M W F T B Z E I E J U W
T N S F I F X G R S I K I E O Y Q N Y C K K M
H C H O E U P T S D P W A W E S T L D A C A Q
E K R O W E M A R F E C U R R E N T S G B L K
R Y K T B T G C E O H W Y M R S R E T F I R D
```

DEEP-SEA	FLASHINGS	SONARBURST
SEAFOOT	FLESH	NAUPLIUS
BYCATCH	TOOTHEDWHALE	REBREATHER
SURF	CLIMATEACH	BEAKFISH
BROWNSTRIPE	CURRENTS	SPRINTER
MUSSELS	FLUKESLAP	SERPENTSTAR
GATHER	FRAMEWORK	RIBBON
TAILFLIP	DRIFTERS	JELLYDROP

Puzzle # 80

```
V B M D X F O L E C O T O U R I S M H F A R E
P E C T O R A L N S E I L L E J O L S O J G N
H J W Q B U F F E R T A I L Z M B S I C A I Q
Y Z S H A F E C N A T S I S E R S F F Y Q B O
A Y D P L R P F J G F N I S T Y C B N V O O P
W E C A I L U E F U G S G R Y H U V O A N U H
A J W S H R K Q F M O N S R C Q R X I N B G L
R Q Q L Z O I N J G I P E R M U E Y L Q P G G
O W M F Y Q R T S L H P O A R O I V A H E B E
H H W I T L U Y I A E W D F M Y O X F M G Z I
C A R J N G U A N E N U C A P K F M M Z I P F
N L I F L Y T T D S C A K O T S S U H N R N T
A E O D T B O E T A R X X S E U E W O J Y O C
R L S W O M V A R A R C Q W H D M H A F T W H
D E Z L V I R R P Y M N K S A M P G C Y X F W
I A O T D V A A T P Y R C G G M U C T A A G O
X F Q D L B C J A O U G M T Y X X F W S E K E
K R F P U E G H H O R Z M S C E J T T H A B W
```

LOBTAILING	PHANTOM	BUFFERTAIL
ANCHORAWAY	BEHAVIOR	CROWNSTAR
DUSKY	WHALELEAF	CARAPACE
PECTORAL	SPIRIT	NAVY
DIVEDEEPER	FAST	JELLIES
OBSCURE	SYMPHONIZE	ECOTOURISM
BARRACUDA	RESISTANCE	CRYPT
LIONFISH	BEACHES	SWAY

Puzzle # 1

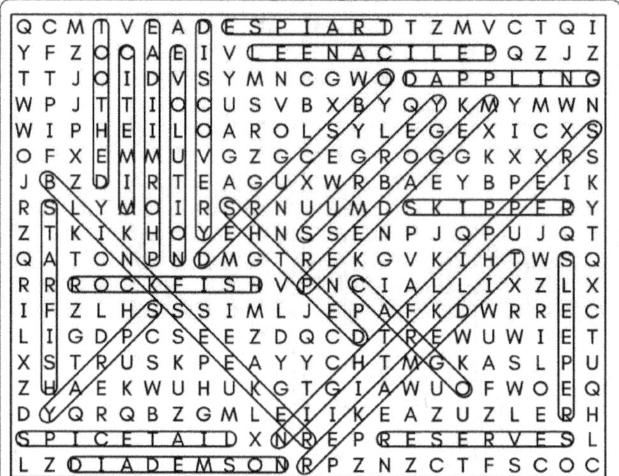

TOOTHED	TRAIPSE	SPICETAIL
PELICAN-EEL	EVOLUTION	OBSCURED
MEGADEEP	DIADEMSON	STARFISH
RESERVES	ROCKFISH	SURREY
SPRAY	SKIPPER	DAPPLING
NIGHTFLIPPERS	TIDEMAKER	DEPTHS
DISCOVERY	MIMETIC	BLINKSEEKER
PHORMIIDAE	CARGO	SLEEPER

Puzzle # 2

GILLS	SPARKLE	EVADE
RIFTTUNA	ABYSSAL	NARWHALE
DIM	ESTUARY	ALGA
ECHOLOCATION	SHROUD	SPRING
ECOSHAPE	DARKWATERS	GRAB
NIGHTFALL	CTENOPHORE	BENTHOS
SQUID	SEAEGG	MUTUALISM
FORESTDEEP	DISCOVERY	HAUL

Puzzle # 3

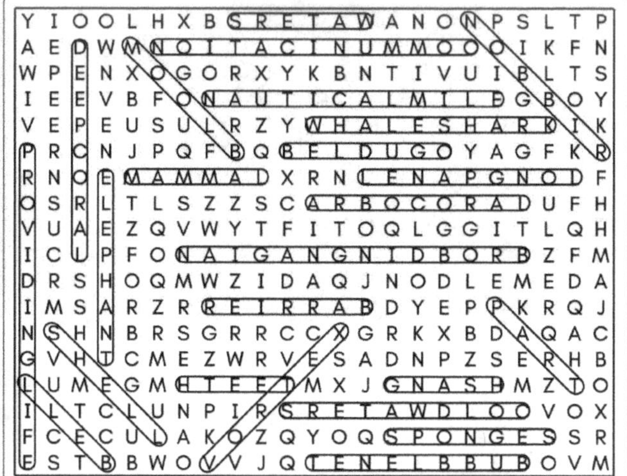

TEETH	BROBDINGNAGIAN	SPONGES
NAUTICALMILE	COMMUNICATION	GNASH
RIBBON	COLDWATERS	WHALESHARK
MAMMAL	ELEPHANT	BUBBLENET
PROVIDINGLIFE	BELL	SHELL
ARBOCORAL	DEEPCORAL	BARRIER
WATERS	BELDUGO	VORTEX
TRAP	BLOOM	LONGPANEL

Puzzle # 4

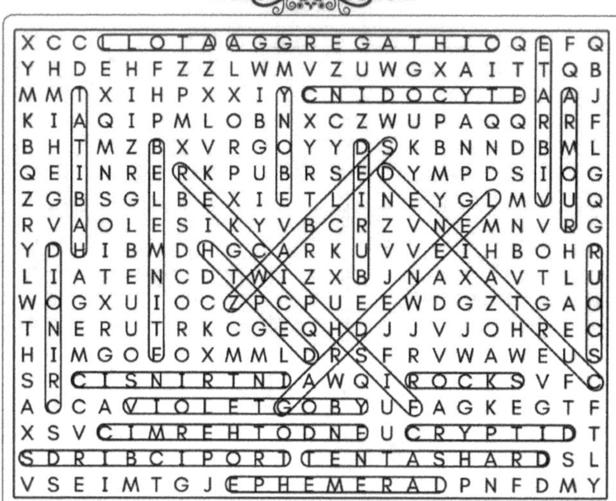

GARDENEEL	INTRINSIC	EBONY
CNIDOCYTE	DEPTH	BURIED
CRYPTID	ENDOTHERMIC	VIOLETGOBY
ATOLL	AGGREGATHIC	CURTAINED
BELEMNITE	FISHPICKER	ARMOUR
EPHEMERAL	ROCKS	TENTASHARD
HABITAT	CRINOID	VIBRATE
SCOUR	TROPICBIRDS	ZWABLES

Puzzle # 5

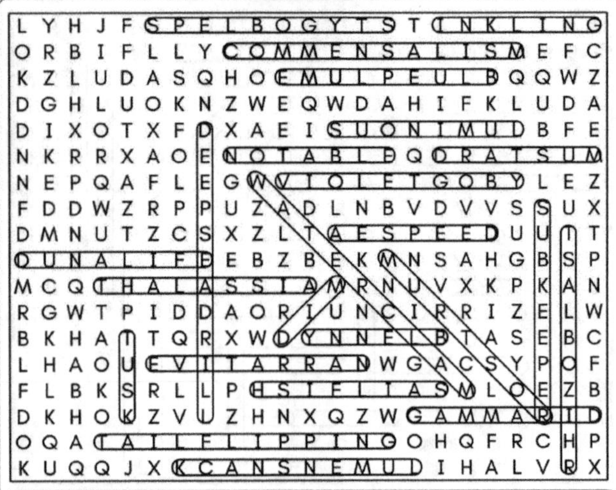

LUMINOUS	TAILFLIPPING	BLUEPLUME
MUSTARD	SAILFISH	DIM
SUBKEEPER	WATERCLAM	THALASSIA
DEEP-SEADRILL	ROSTRUM	NOTABLE
VIOLETGOBY	TUSK	INKLING
DUNALIFE	RHIZOBLAST	DEEPSEA
NARRATIVE	COMMENSALISM	LUMENSNACK
STYGOBLEPS	BLENNY	GAMMARID

Puzzle # 6

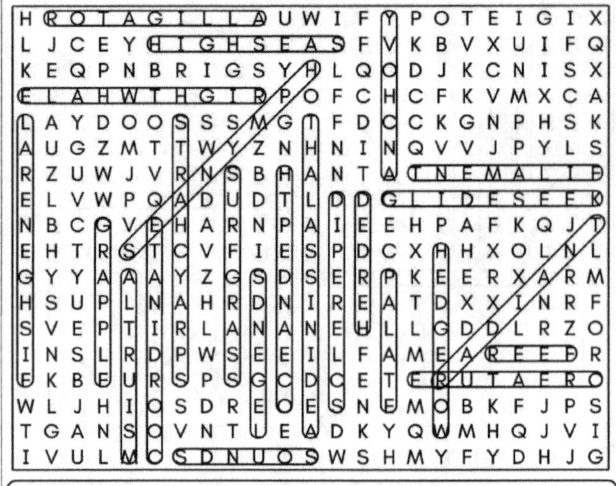

HERDED	RADIANT	GLIDESEEK
SEANYMPH	COORDINATE	ALLIGATOR
SURFGRASS	FISHGENERAL	LEGENDS
SOUNDS	PALATE	SPRAYCHARTS
HIGHSEAS	ALTRUISM	ANCHOVY
HEDGEROW	FILAMENT	CREATURE
REEF	GRAPPLE	RIGHTWHALE
SCLEREPID	OCEANDEPTH	THALASSINIDEA

Puzzle # 7

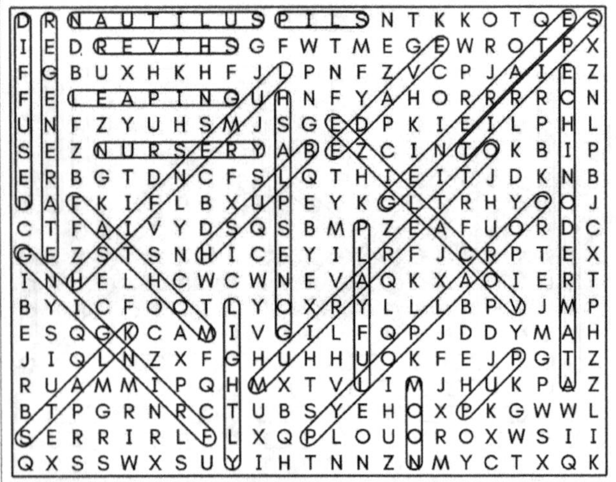

PUP	SHIVER	OTTERARIUM
GENERATE	VOCALIZE	SPIRIT
BLUSH	CORALPOLYP	FATHOM
STALK	LIGHTLY	LUMENFISH
NAUTILUS	REGENERATE	DIFFUSED
EVADE	ECHINODERMATA	LEAPING
PLAYFUL	SLIP	GONESPLASH
FRINGING	NURSERY	MOON

Puzzle # 8

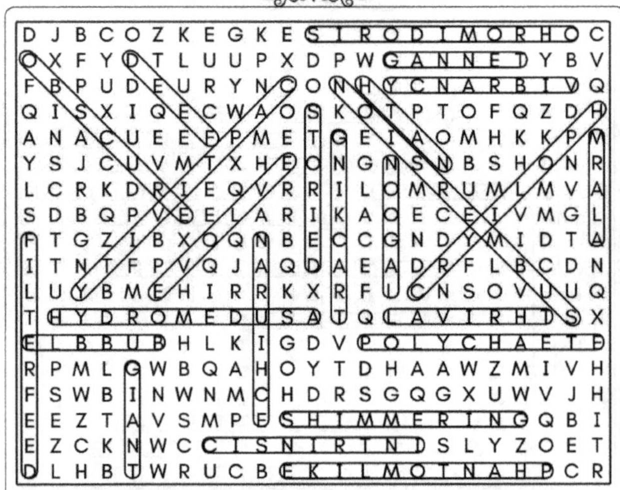

TRACKING	BUBBLE	ALARM
HYDROMEDUSA	LAGOON	THRIVAL
VIBRANCY	POLYCHAETE	SUBMERSION
FEED	PHANTOMLIKE	OBSCURE
CHROMIDORIS	FILTERFEED	CRYILOPH
SHIMMERING	GANNET	STORIED
CAPTIVITY	INTRINSIC	GIANT
ECHIURAN	EVOLVE	NATH

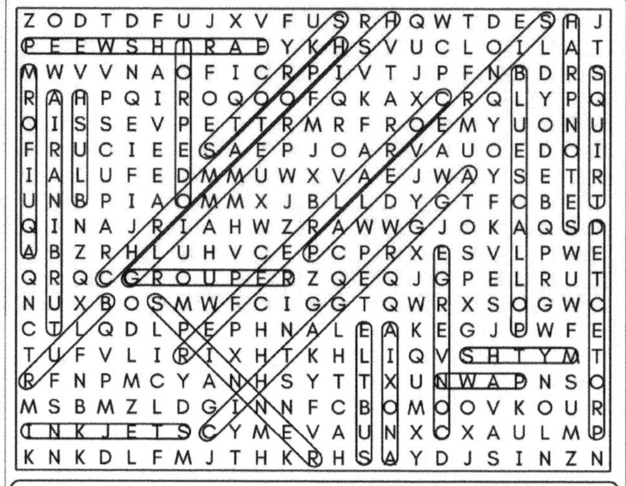

SPINNER	PAWN	HARPNOTES
GLIMMERFISH	PROTECTED	AQUIFORM
CONVERGE	CHROMATOPH	CORALREEFER
SQUIRT	BLUR	BLUESCALLOP
STORKS	GROUPER	AGGREGATHIC
TORPEDO	EARTHSWEEP	PALEVERNIS
MYTHS	SUBTLE	BLUSH
INKJETS	TURBINARIA	ANOXIA

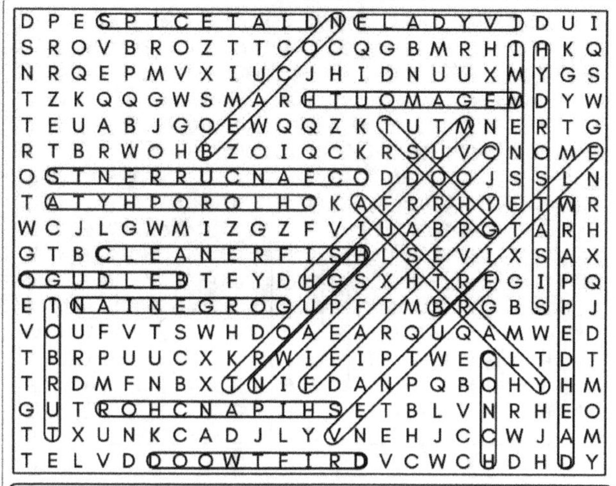

OCEANCURRENTS	IMMENSE	WRAPPEDHEAD
GORGENIAN	CORALSPAWN	BELDUGO
TURBOT	BRITTLE	CLEANERFISH
TROUGH	BEACON	VENTURE
SPICETAIL	DRIFTWOOD	FEATHERY
MEGAMOUTH	IVYDALE	CHLOROPHYTA
SHIPANCHOR	GHOST	HYDROSTASIS
MUDFISH	CONCH	AUSTRALY

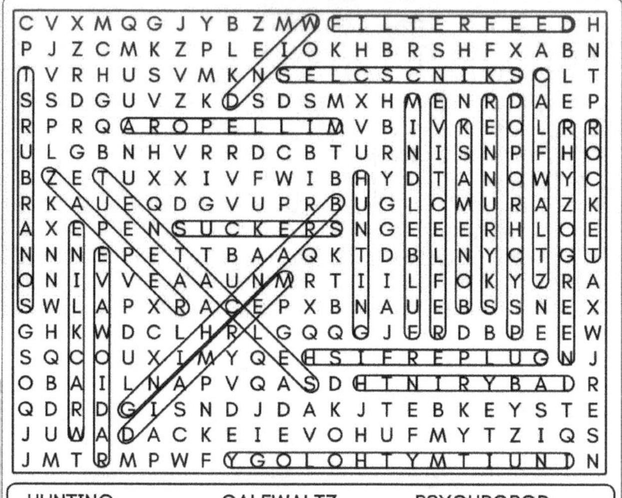

HUNTING	CALFWALTZ	PSYCHROPOD
MILLEPORA	SUCKERS	ZAPPER
SKINCSCLES	GULPERFISH	TENTACLES
FILTERFEED	LABYRINTH	SKYRUNNER
WRACKLINE	ROCKET	RADIOWAVE
MINDLEBLUE	BONEMASK	INUITMYTHOLOGY
MERMAID	WIND	RHYZOGREEN
SONARBURST	BRANCHING	REFLECTIVE

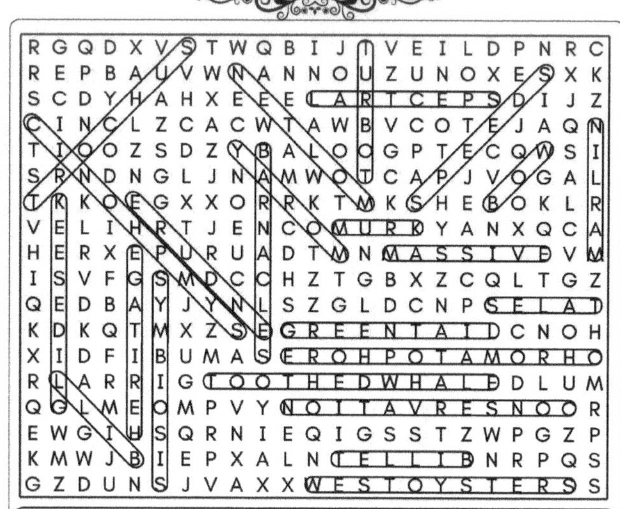

CONSERVATION	MOLTEN	GREENTAIL
BILLET	BOW	MASSIVE
ENDURE	TOOTHEDWHALE	BILL
SYMBIOSIS	TURBOT	GLIDESEEK
BARNACLES	TALES	SPECTRAL
CHROMATOPHORE	WESTOYSTERS	SPEEDS
MORAY	MURK	SYMPHONIC
TROCHUS	HERITAGE	MARLIN

Puzzle # 13

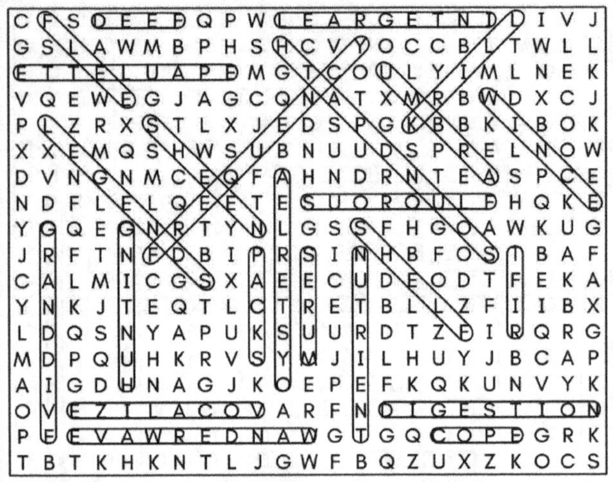

HUNTING	UMBRA	WINCE
INTEGRAEL	VOCALIZE	NUTRIENT
SHELF	SOUNDPATH	EPAULETTE
FEED	SHEEN	FLEE
GRANDDIVE	LEGENDS	COPE
PACKS	SERUM	OYSTERLEA
KRILL	DIGESTION	RIFT
WANDERWAVE	FLUOROUS	FREQUENCY

Puzzle # 14

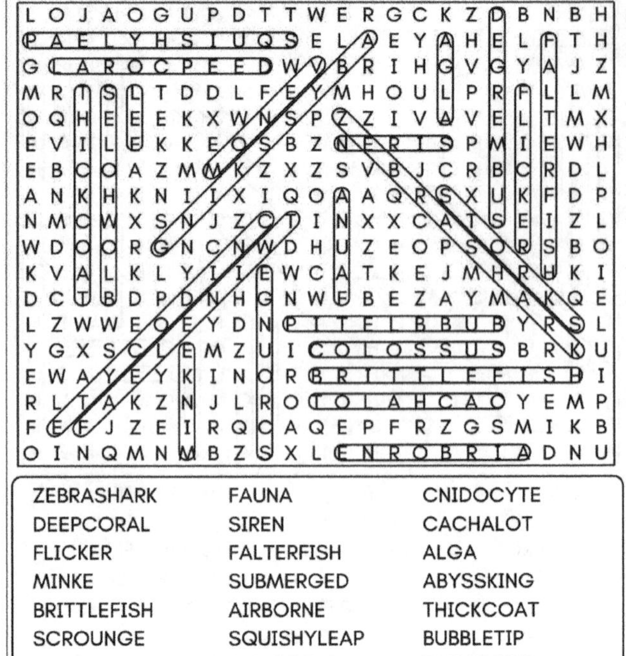

ZEBRASHARK	FAUNA	CNIDOCYTE
DEEPCORAL	SIREN	CACHALOT
FLICKER	FALTERFISH	ALGA
MINKE	SUBMERGED	ABYSSKING
BRITTLEFISH	AIRBORNE	THICKCOAT
SCROUNGE	SQUISHYLEAP	BUBBLETIP
VENOM	COLOSSUS	TWINELEAF
STORKS	EEL	BLOWHOLES

Puzzle # 15

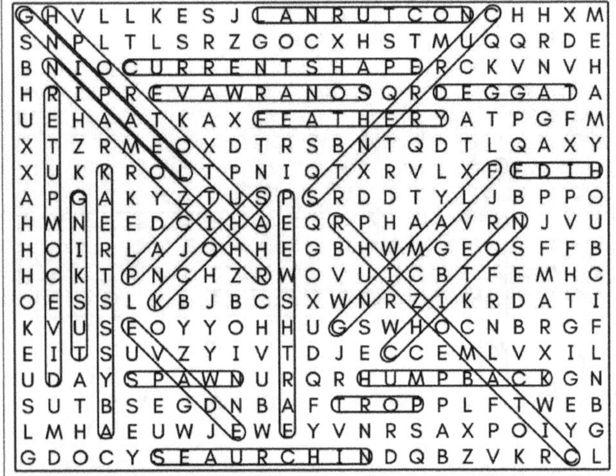

NOCTURNAL	EVADE	CURRENTSHAPE
TUSKING	SPAWN	FEATHERY
RHIZOMAIN	ABYSSSTREAK	PORT
TAGGED	FLAMING	EARTHSWEEP
DIVECOMPUTER	LEAPING	AUTOTROPH
HIDE	CHITON	SHOCK
HUMPBACK	PACT	RHIZOMATIC
SEAURCHIN	CURRENTS	SONARWAVE

Puzzle # 16

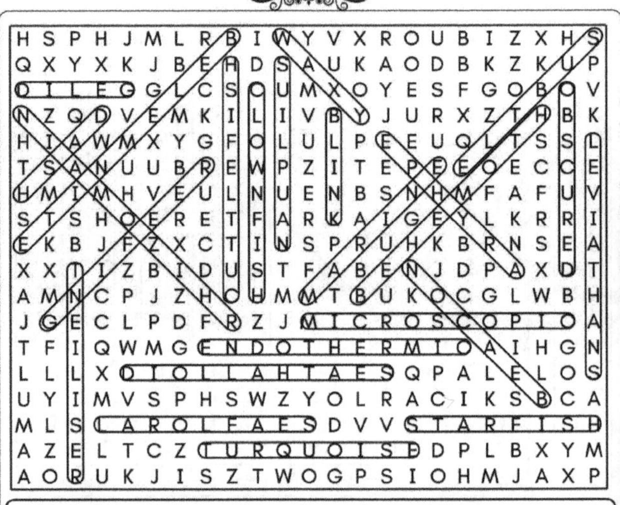

CUTTLEFISH	BEACON	NAUPLIUS
BELEMNITE	MARINE	GELID
ENDOTHERMIC	TURQUOISE	SEAFLORAL
EPHYRA	RESILIENT	BLINK
BEHEMOTH	MICROSCOPIC	WAXY
OBSCURED	RHIZOMAIN	SEATHALLOID
CLOWNFISH	SUBTLE	DASH
LEVIATHANS	STARFISH	REEFING

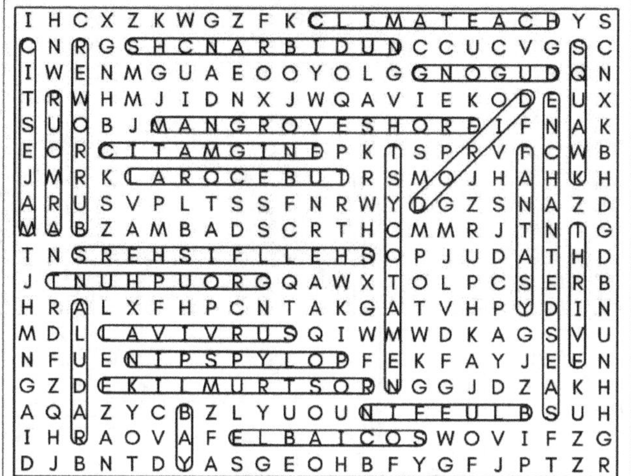

Puzzle # 17

SOCIABLE	ROSTRUMLIKE	POLYPSPIN
MAJESTIC	ENIGMATIC	NEMATOCYST
BURROWER	SHELLFISHERS	FANTASY
BAY	DORID	CLIMATEACH
DUGONG	THRIVE	NUDIBRANCHS
RADULA	MANGROVESHORE	ENCHANTEDSEAS
GROUPHUNT	SQUAWK	TUBECORAL
BLUEFIN	SURVIVAL	ARMOUR

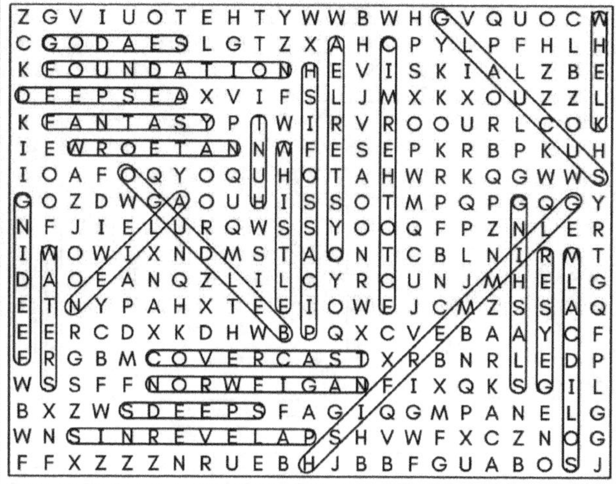

Puzzle # 18

DEEP-SEA	WHELK	WROETAN
FOUNDATION	ALIEN	BELDUGO
COVERCAST	PALEVERNIS	FEEDING
WHISTLE	HUNT	OYSTERLEA
SPEEDS	SEADOG	GEYSER
SOLIDCALM	GLIMMERFISH	NORWEIGAN
WATERS	ECTOTHERMIC	PICASSOFISH
SLASHING	FANTASY	GLAUCUS

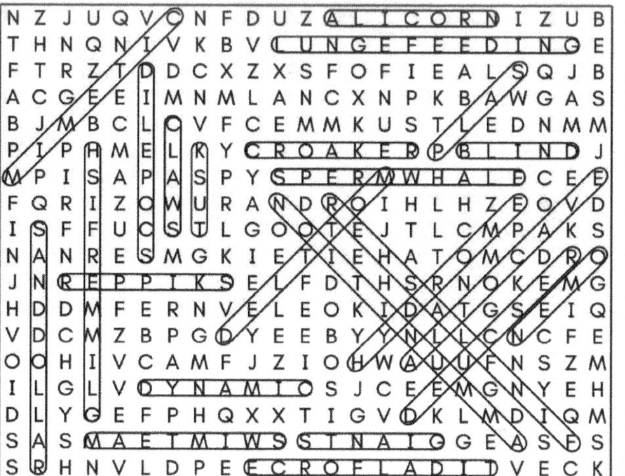

Puzzle # 19

RESCUED	CROAKER	AMMUNITION
TIDALFORCE	LUNGEFEEDING	NEMO
SWIMTEAM	ALICORN	TUSK
SPERMWHALE	MOTTLED	HYDROME
SANDDOLLAR	SKIPPER	BLIND
FINFLASHER	GLIMMERFISH	CLAWS
GIANTS	MIMETIC	ALTOCAVE
SCOPELID	DYNAMIC	SALP

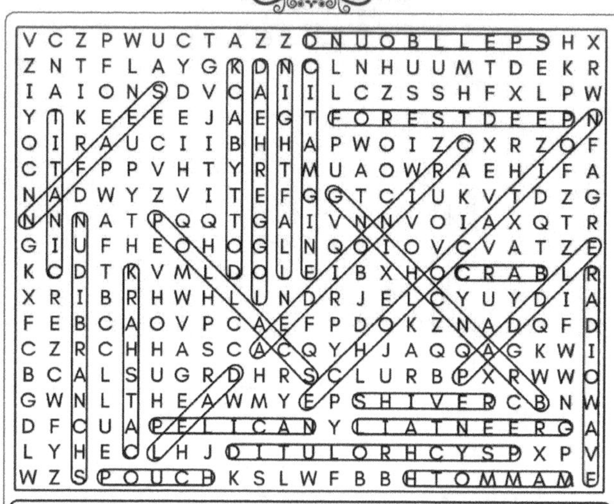

Puzzle # 20

ECHOLOCATION	PELICAN	SPELLBOUND
SEAFAN	LEAD	TITANIC
CATSHARK	CRINOIDEA	LOGGERHEAD
POUCH	NIGHTFALL	FORESTDEEP
DOTTYBACK	ENIGMATIC	RADIOWAVE
SHIVER	GREENTAIL	CRAB
PADDLE	MAMMOTH	SCALLOP
PSYCHROLUTID	BRANCHING	NUDIBRANCHS

Puzzle # 21

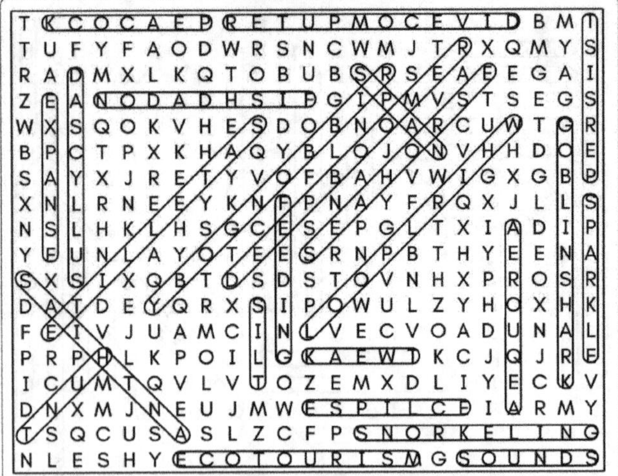

SOUNDS	SILT	HUNT
ANTHIAS	FEEDING	GOBLINSHARK
PEACOCK	FISHDADON	SEAHORSE
SNORKELING	SPAN	PERSIST
RIBBONGOBY	ECOTOURISM	SPARKLE
DASCYLLUS	DEEPBOOMER	DIVECOMPUTER
SATELLITE	ECLIPSE	EXPANSE
AEQUOREA	WHIRLPOOL	TWEAK

Puzzle # 22

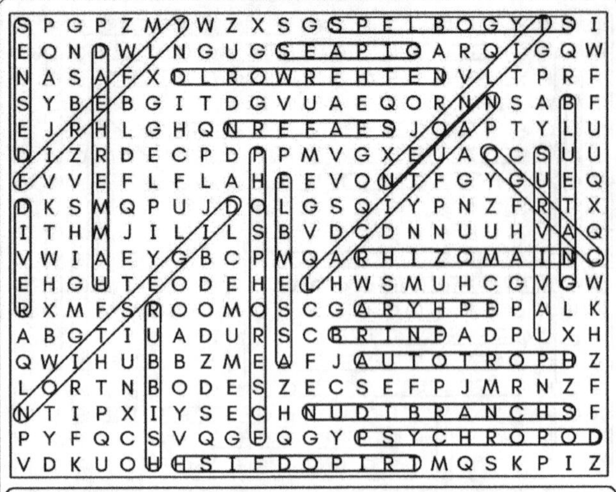

HAMMERHEAD	NETHERWORLD	PSYCHROPOD
TRIPODFISH	ASSEMBLE	DIGESTION
BLUETANG	RUBBISH	NAUTICAL
SENSED	FIREFLY	NEONLIT
SEAPIG	SURVIVAL	AUTOTROPH
DIVER	STYGOBLEPS	CARGO
EPHYRA	PHOSPHORESCE	RHIZOMAIN
SEAFERN	BRINE	NUDIBRANCHS

Puzzle # 23

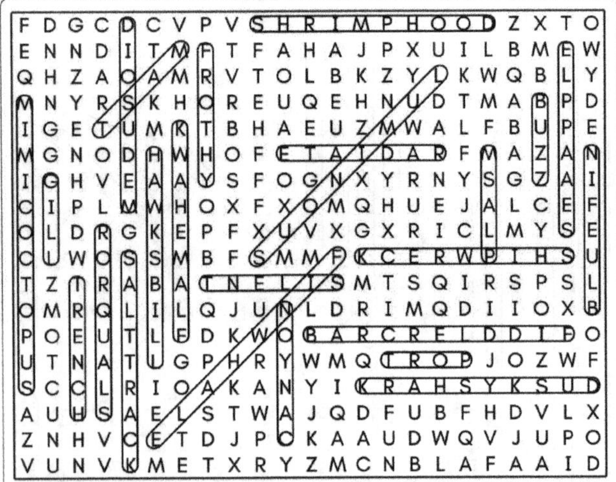

MIMICOCTOPUS	GILL	BLUEFIN
RADIATE	MAST	PLASM
SHRIMPHOOD	RORQUALS	FROTHY
LUMINOUS	CANYON	SALTTRACK
SEAAPPLE	TRENCH	BUZZ
FIDDLERCRAB	FLAMEHAWK	PORT
HAWKSBILL	SILENT	DUSKYSHARK
FINWHALE	SHIPWRECK	MEDUSOID

Puzzle # 24

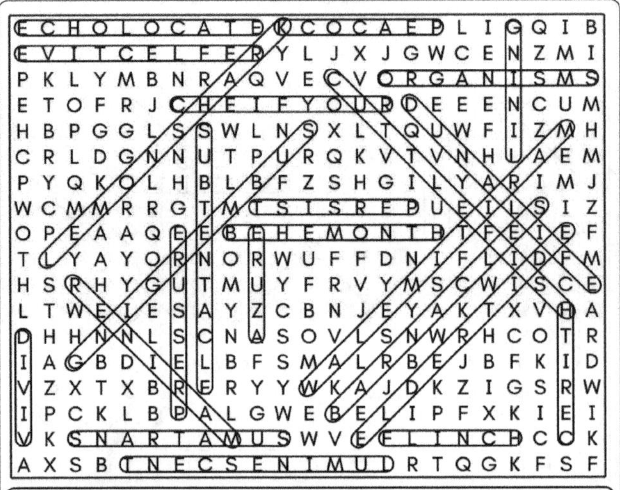

LEMONSHARK	SUMATRANS	CERITH
MARITIMELAW	LUMINESCENT	PEACOCK
DUNALIFE	BEHEMONTH	MARINER
SUBMERGING	FLINCH	CHEIFYOUR
VIVID	ECHOLOCATE	REFLECTIVE
ELDERTIDE	BARNACLES	AZURE
CUTTLEFISH	PERSIST	SUBTENTACLE
ORGANISMS	PRESSURE	LINING

Puzzle # 25

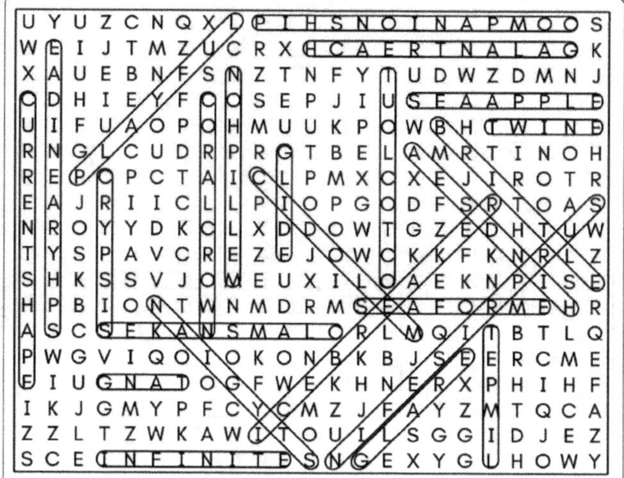

PLAYFUL	MELLIPHON	CLAMSNAKES
SEAAPPLE	MELODIC	INFINITE
SEAFORME	HINDSEA	CORALCROWN
GLIDE	GALANTREACH	CURRENTSHAPE
STYGIAN	ICEBREAKER	GLARE
OCTOCLOUT	BRITTLE	TANG
COMPANIONSHIP	CRYPSIS	SURPRISEFIN
SPHYRAENIDAE	LIMPET	TWINE

Puzzle # 26

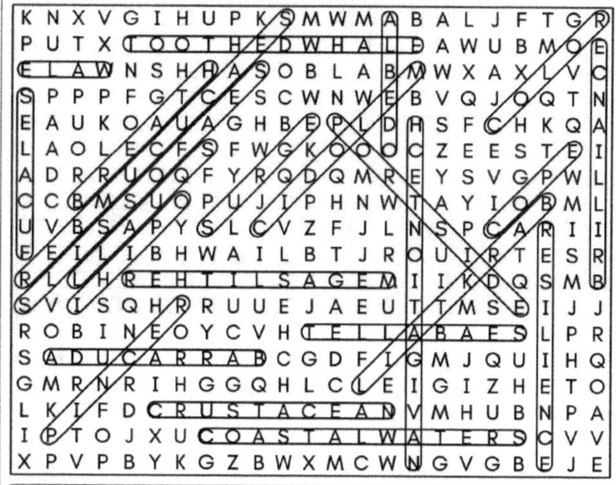

BARRACUDA	SURGE	COLOR
TOOTHEDWHALE	MELODIC	ALBEDO
BRILLIANCE	MEGASLITHER	SEAFOSSILS
PORTSIDE	COPE	RESILIENCE
FUCALES	COASTALWATERS	OPIHI
PINCER	SEABALLET	SEACUCUMBER
NAVIGATIONTECH	WALE	SQUALL
BARKTAIL	CRUSTACEAN	BREATH

Puzzle # 27

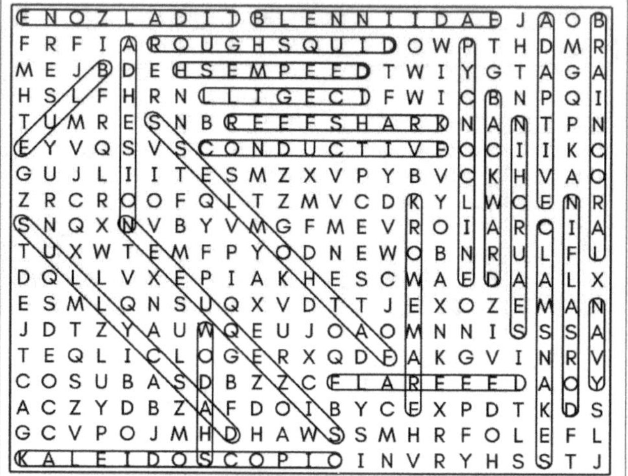

REEFSHARK	KALEIDOSCOPIC	FRAMEWORK
DEEPMESH	DORSALFIN	PYCNOCLINE
DASCYLLUS	BLUE	SEAURCHIN
FATHOMLESS	ADAPTIVE	NAVY
FLAREEEL	TIDALZONE	BACKWARD
SHADOW	CLAMSNAKES	SIZEQUEEN
CONDUCTIVE	BLENNIIDAE	ADHESION
ROUGHSQUID	BRAINCORAL	ICEGILL

Puzzle # 28

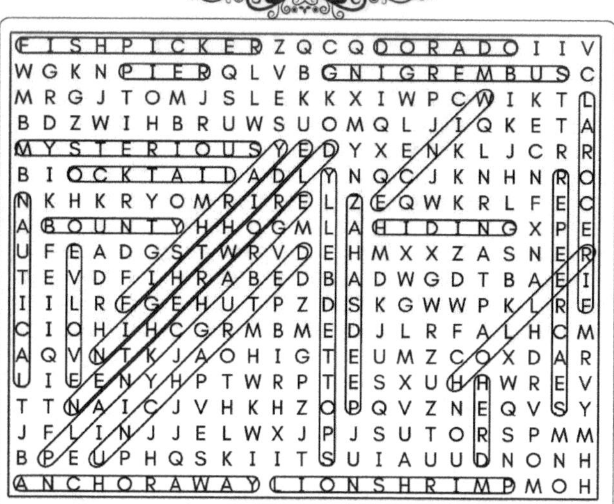

SUBMERGING	FISHRAY	PLANKCHARGE
MYSTERIOUS	HERD	NETHERWORLD
NIGHTHIDE	FISHPICKER	ANCHORAWAY
HIDING	WINCE	OCKTAIL
UNCHARTED	SPOTTEDBELLY	HOLLER
ZAHASDEEP	LIONSHRIMP	PIER
EVOLVE	BOUNTY	SEACREEPER
FIRECORAL	NAUTICAL	DORADO

Puzzle # 29

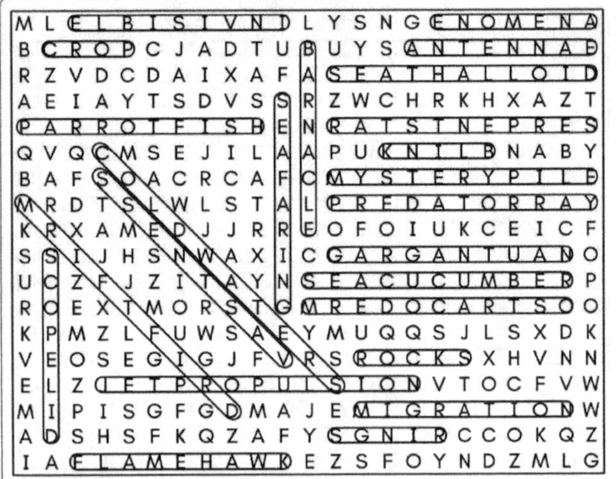

BARNACLE	RINGS	FLAMEHAWK
SERPENTSTAR	PARROTFISH	INVISIBLE
BLINK	SCOPELID	ANTENNAE
ANEMONE	VASTNESS	PREDATORRAY
MYSTERYPILE	SEAFARING	GARGANTUAN
ROCKS	SEATHALLOID	COLDWATERS
JETPROPULSION	CROP	DRIFTFIRM
SEACUCUMBER	MIGRATION	OSTRACODERM

Puzzle # 30

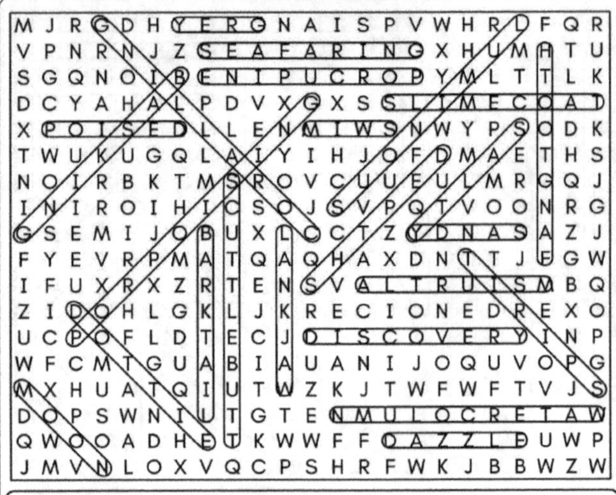

BASKING	SLIMECOAT	DOTTIE
WATERCOLUMN	ALTRUISM	GREY
FANGTOOTH	CORALLING	SCUTTLEBUTT
SWIM	DAZZLE	PORCUPINE
SALTY	SANDY	POISED
BARKTAIL	LANKJAW	SEAFARING
LUMINOUS	SPIRIT	PORPOISING
DEPTHS	DISCOVERY	MOON

Puzzle # 31

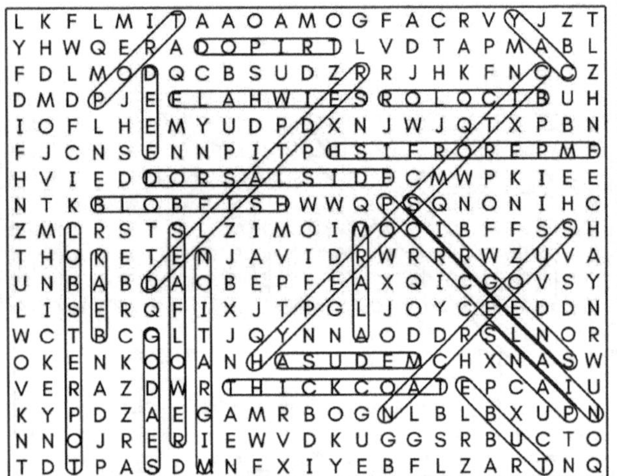

FEED	NACREOUS	BICOLOR
CAY	MEDUSA	THICKCOAT
EMPERORFISH	DORSALSIDE	PORT
SEIWHALE	TUBE	REDTAILED
BLOBFISH	SEADOG	PORCELAIN
ALARM	SNEGRIS	LOBSTERPOT
BEAK	HYPEROSMOTIC	SEAFLOWER
TRIPOD	MIGRATION	SNAP

Puzzle # 32

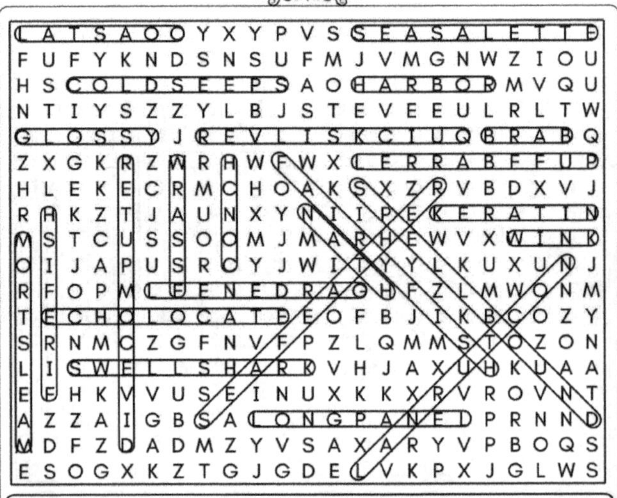

SWELLSHARK	MAELSTROM	FIREFISH
CONCH	ECHOLOCATE	WINK
KERATIN	FAIRYFISH	DIVECOMPUTER
NOCTURNAL	QUICKSILVER	PUFFBARREL
SEAFEATHER	COLDSEEPS	LONGPANEL
BARB	COASTAL	WRASSE
GARDENEEL	GLOSSY	SPELLBOUND
SEASALETTE	HARBOR	NATH

Puzzle # 33

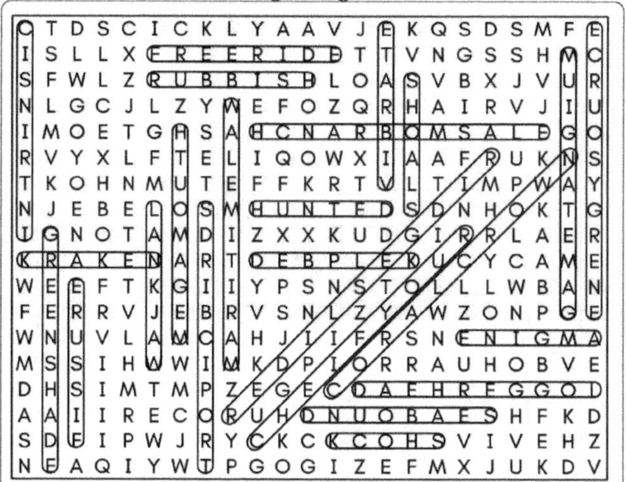

ELASMOBRANCH	SHOALS	RUBBISH
LANKJAW	LOGGERHEAD	INTRINSIC
RIDGESLIDER	GAMETANGIUM	SHOCK
HUNTED	MEGAMOUTH	CHEIFYOUR
CORALCROWN	ENIGMA	SEABOUND
FISSURE	TROPICBIRDS	ENERGYSOURCE
KRAKEN	VIBRATE	GREENSHADE
KELPBED	MARITIMELAW	FREERIDE

Puzzle # 34

GELATINOUS	RIDGES	LONGJAW
THALASSIA	CARNIVOROUS	INKLING
GANGLEADER	CALCAREA	HOLDDOWN
MIGRATE	HUE	KEYRINGS
MANDARIN	POLYPS	MANTY
TWINELEAF	EYEDBARE	SLASHING
GAPING	LUSTROUS	SIPHONOSP
AMBERGRINE	NAVIGATIONTECH	LINING

Puzzle # 35

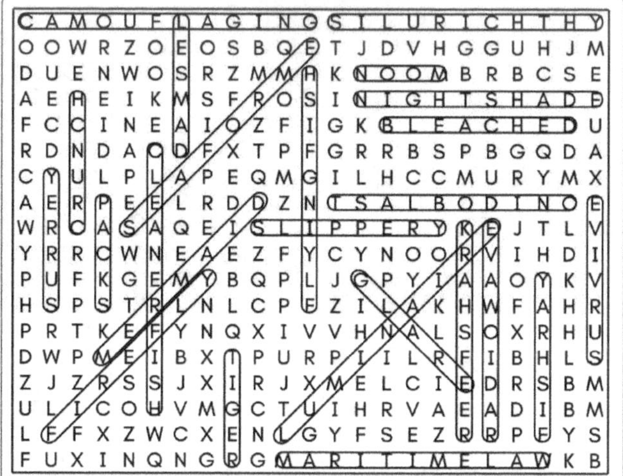

REEFSHARK	CRUNCH	SEAFORME
SURREY	MARITIMELAW	RADIOWAVE
FIREFLY	LUMINAIRE	CLEANERFISH
CAMOUFLAGING	SURVIVE	PACKS
FISHRAY	SLIPPERY	MOON
GLARE	CNIDOBLAST	SILURICHTHY
MERMAID	BLEACHED	NIGHTSHADE
TIGER	DAMSEL	FLYINGFISH

Puzzle # 36

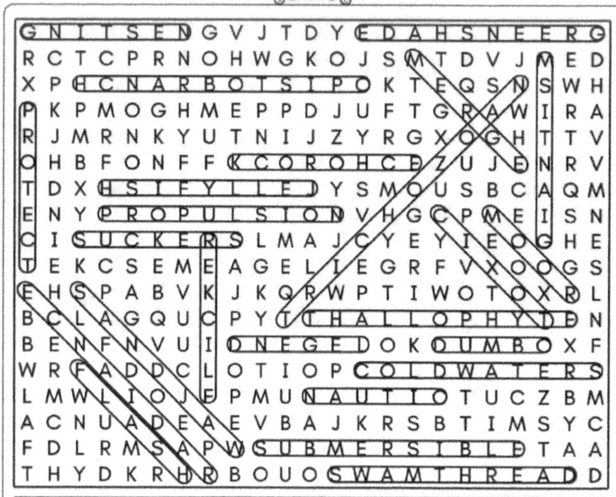

SUBMERSIBLE	FLASH	GREENSHADE
JELLYFISH	PROPULSION	ECHOROCK
FLICKER	TRICHOZOAN	MOOR
PROTECT	MERGE	SANDJAW
OPISTOBRANCH	NESTING	TOXIC
RADIANCE	SWAMTHREAD	COLDWATERS
SUCKERS	GIANTISM	DUMBO
THALLOPHYTE	LEGEND	NAUTIC

Puzzle # 37

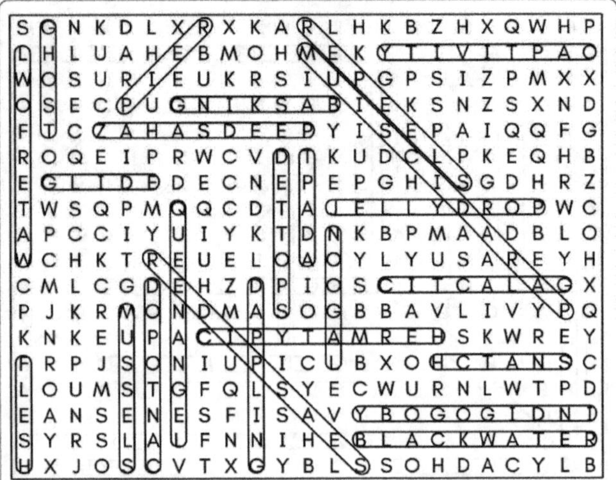

BASKING	BLACKWATER	WATERFOWL
PIER	SPOTTED	GHOST
INDIGOGOBY	ZAHASDEEP	GLIDE
SNATCH	DAPPLING	MUSSELS
HERMATYPIC	LAGOON	JELLYDROP
CANTOPOD	PARADICSIUM	FLESH
CAPTIVITY	SLEEPER	QUEENANGEL
SEASPIDER	ADAPT	GALACTIC

Puzzle # 38

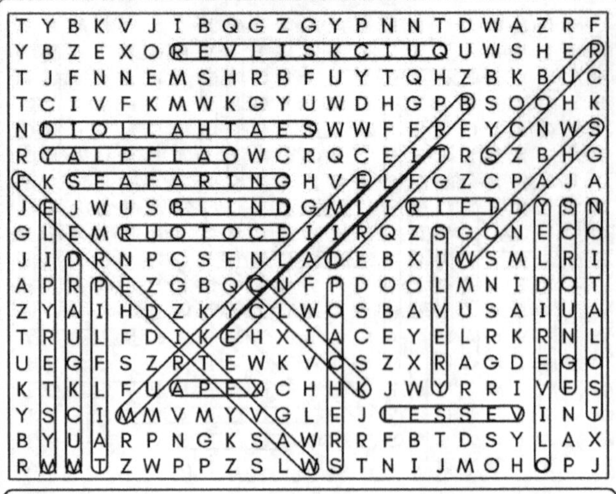

APEX	RIFT	MUCKGUARD
MYSTERYPILE	ECO-TOUR	QUICKSILVER
SCROUNGE	MURKYCLIME	SEAFARING
CLICK	SILVERY	OLIVERIDLEY
CALFPLAY	POACHERS	BRILLIANCE
SCOUR	SEATHALLOID	VESSEL
DRIFT	SHADOW	WAVETIDEREEF
TAILFLIP	ISOLATION	BLIND

Puzzle # 39

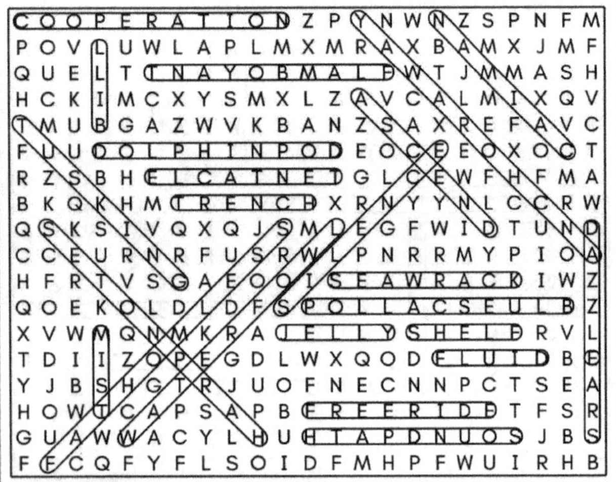

TENTACLE	JELLY	SOUNDPATH
TUSKING	SILENCE	CAIMAN
FLAMBOYANT	HARPNOTES	ANCHORAWAY
DOLPHINPOD	MIST	ASCEND
SEAWRACK	TRENCH	EARS
DAZZLE	BLUESCALLOP	BILL
COOPERATION	FLUID	SHELF
WATERFOWL	FATHOMLESS	FREERIDE

Puzzle # 40

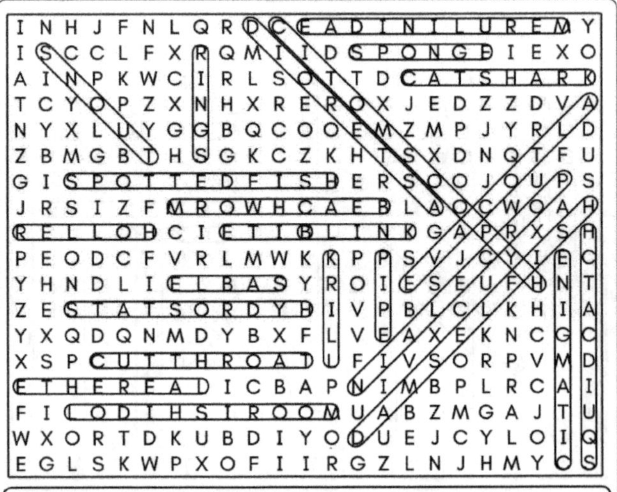

BITE	ETHEREAL	CATSHARK
CUTTHROAT	ASTEROID	PIPE
SABLE	ALTOCAVE	SPOTTEDFISH
KRILL	HOLLER	BLINK
MOORISHIDOL	SPONGE	BEACHWORM
HYPOOSMOTIC	HYDROSTATS	SQUIDCATCH
ENIGMATIC	PORCELAIN	RINGS
DAMSELFISH	MERULINIDAE	SNOUT

Puzzle # 41

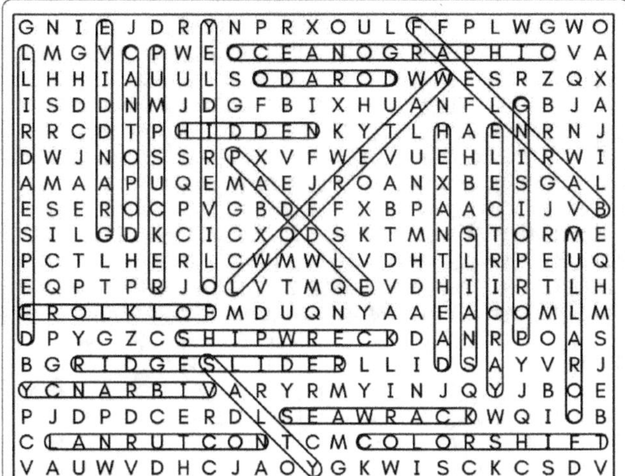

NOCTURNAL	RIDGESLIDER	HEXANTHEAD
SNAILS	FOLKLORE	VIBRANCY
PUMPSUCKER	PORPOISING	OCEANOGRAPHIC
PADDLE	GRANDDIVE	BARNLEAF
SEAWRACK	SHIPWRECK	HIDDEN
OLIVERIDLEY	WATERFOWL	CORALLUM
DEEP-SEADRILL	CANTOPOD	COLORSHIFT
ELECTRICRAY	SALTY	DORADO

Puzzle # 42

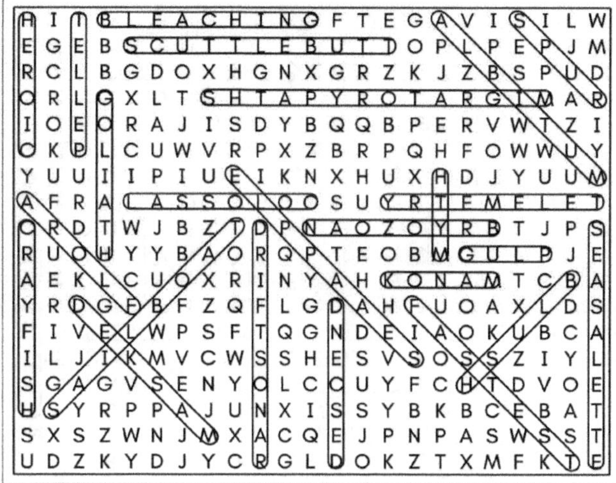

COLOSSAL	GULP	ALBITUM
FASTEST	SCUTTLEBUTT	CRAYFISH
DESCEND	DRIFTSONAR	MYTH
BLEACHING	MASKED	HEROIC
SEASALETTE	SAILBOAT	MANOK
FLORA	GOLIATH	MIGRATORYPATHS
TELEMETRY	BRYOZOAN	BLUSH
SEAAPPLE	PELLET	SPUR

Puzzle # 43

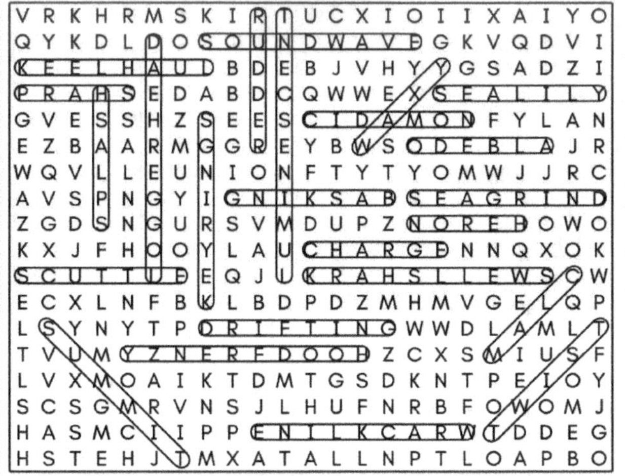

SWELLSHARK	SUMMIT	SOUNDWAVE
SPLASH	DRIFTING	WAXY
KEYRINGS	WRACKLINE	RUDDER
BASKING	ALBEDO	HERON
CHARGE	LOGGERHEAD	NOMADIC
SEAGRIND	SEALILY	KEELHAUL
LUMINESCENT	SHARP	HOODFRENZY
CLAM	SCUTTLE	TWIST

Puzzle # 44

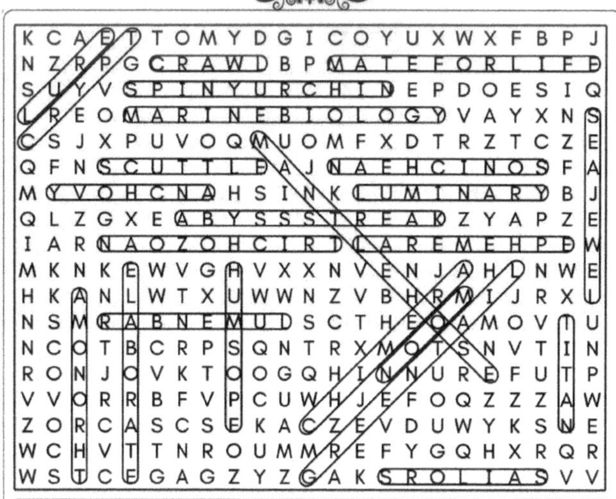

CRAWL	LUMINARY	SONICHEAN
TRICHOZOAN	SAILORS	ANCHOVY
TITAN	LUMENBAR	SPINYURCHIN
SCUTTLE	CHIMERA	HUMSOPE
ABYSSSTREAK	LURE	THRONOMA
ELABORATE	MANTLEHOSE	SEAJEWEL
MARINEBIOLOGY	EPHEMERAL	CRYPT
GREENTAIL	MATEFORLIFE	MOON

Puzzle # 45

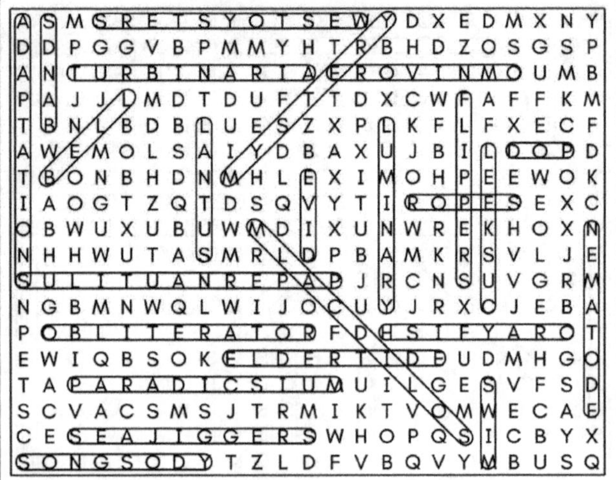

POD	BANDS	LANTUS
CUSK-EEL	FLIPPERS	NEMATODE
SONGSODY	WESTOYSTERS	ADAPTATIONS
DIVE	LUMINARY	PAPERNAUTILUS
ROPES	SWIM	OBLITERATOR
SOLIDCALM	PARADICSIUM	TURBINARIA
BELL	OMNIVORE	ELDERTIDE
SEAJIGGERS	MYSTERY	CRAYFISH

Puzzle # 46

SEIWHALE	SQUAWK	ENDURE
FANGTOOTH	TELEMETRY	TUG
GLOSSY	TRAPPER	SEAMOTH
SHARE	CUMACEAN	MURK
GOLIATH	CRAB	POSIR
GOBBLE	BEADPOLYP	WHALELEAF
MORAY	SNAP	BLACKWATER
GRACILARIA	SIRENIAN	ARMOUR

Puzzle # 47

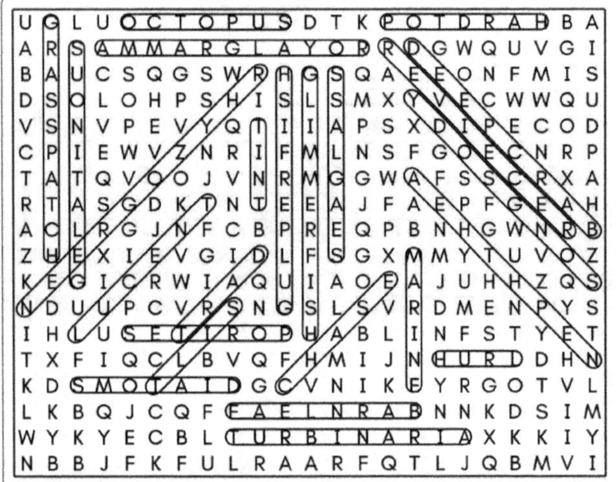

MARINE	CHASE	ROYALGRAMMA
NEPHTHEA	OCTOPUS	TINT
SONGSODY	RHYZOGREEN	SEAGLASS
GELATINOUS	SILT	HARDTOP
GULPERFISH	TURBINARIA	HURL
DART	BARNLEAF	PORITES
DIATOMS	LUCENT	GRASSPATCH
GLIMMERFISH	DEEPCRAB	RECEIVER

Puzzle # 48

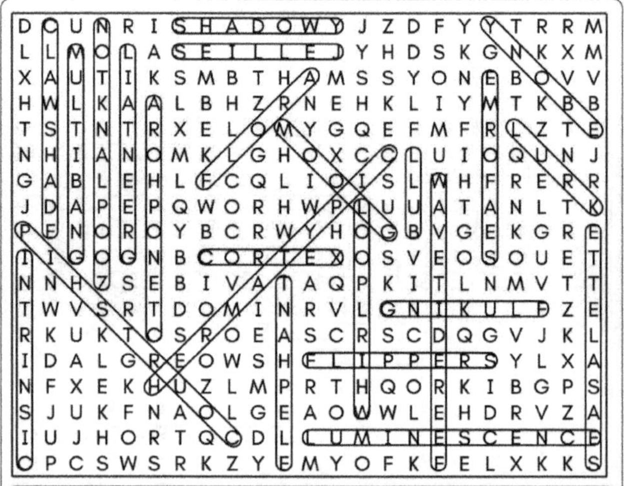

LURK	EBONY	LUMINESCENCE
CTENOPHORA	WHIRLPOOL	ELEPHANT
GLOOM	SEAFORME	HERMATYPIC
FLUKING	INTRINSIC	FLORA
CLAWSHADE	COURTSHIP	JELLIES
SHADOWY	WAVETIDEREEF	SEASALETTE
FLIPPERS	BULL	CORTEX
GREENTAIL	ZOOPLANKTON	MULTIBANG

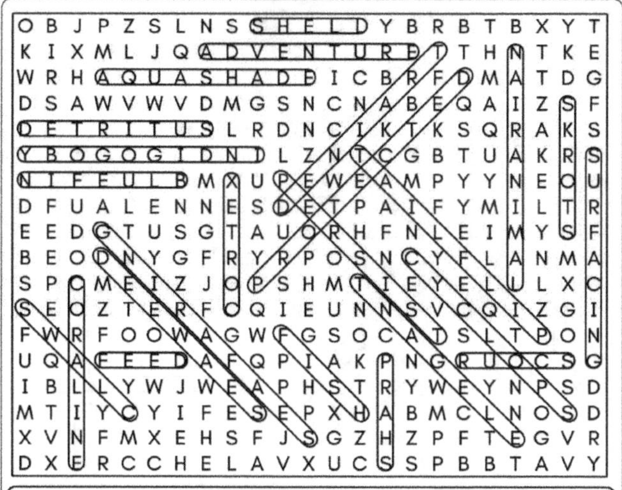

FEED	CORTEX	BLUEFIN
CORALINE	PROTECTED	SHARP
PERSIST	AQUASHADE	CLAWS
TRAINED	DETRITUS	STORKS
TAILFLIP	ELEGANT	CYCLOPS
SCOUR	LAMINARIAN	ADVENTURE
SEAWEED	FISH	INDIGOGOBY
SURFACING	SEAFARING	SHELL

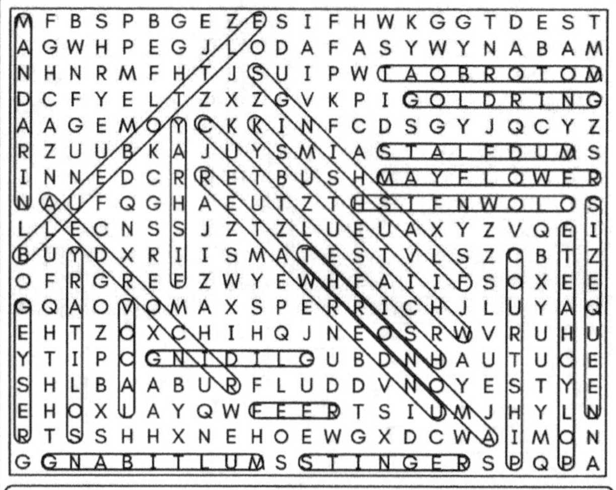

SOLITARY	FLASHINGS	POLYCHAETE
VOCAL	STINGER	THRONOMA
FISHRAY	RICORDEA	MOTORBOAT
REEF	WHITETUSK	GOLDRING
MUDFLATS	UNDERWATER	GLIDING
BLUEBOTTLE	SIZEQUEEN	COURTSHIP
CUTTLEFISH	GEYSER	MAYFLOWER
MANDARIN	CLOWNFISH	MULTIBANG

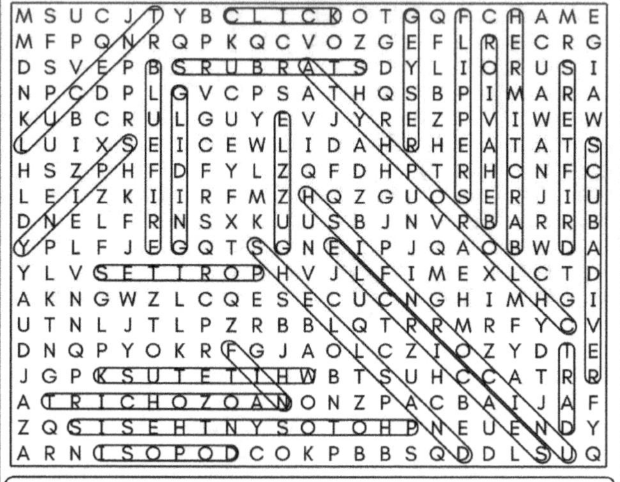

CLICK	DART	UNICORNFISH
ISOPOD	SEACIRCLE	GEYSER
HERMITCRAB	CHLOROPHYTA	SPINY
FLIPPERS	FIN	BLUEFIRE
SHELLSAND	DRIFTERS	GLIDING
WHITETUSK	TRICHOZOAN	SCUBADIVER
BEHAVIOR	LUCENT	STARBURS
PORITES	PHOTOSYNTHESIS	GUZZLE

HUNTING	CRYPSIS	BUFFERTAIL
ZAP	HIDING	SLITHERY
IVYDALE	SEAMOUNT	SPLASH
ARMS	ENORMITY	ANHINGAS
COPEPODS	BLOOM	SQUAT
SHIVER	SNAILS	ELECTRIC
ENSNARE	DAZZLE	GOBLIN
BRITTLESTAR	MORAY	BREATH

Puzzle # 53

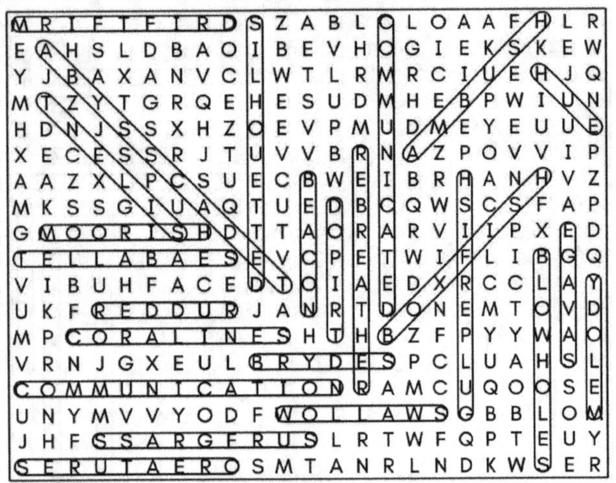

AMBUSH	SILENT	SURFGRASS
GULPERFISH	CREATURES	SWALLOW
DRIFTFIRM	SAVAGE	MOORISH
COMMUNICATED	HUE	SEABALLET
CORALINES	RUDDER	SILHOUETTED
BOXFISH	BRYDE'S	TRIPOD
COMMUNICATION	BEACON	MELODY
ABYSSCADET	REBREATHER	BLOWHOLES

Puzzle # 54

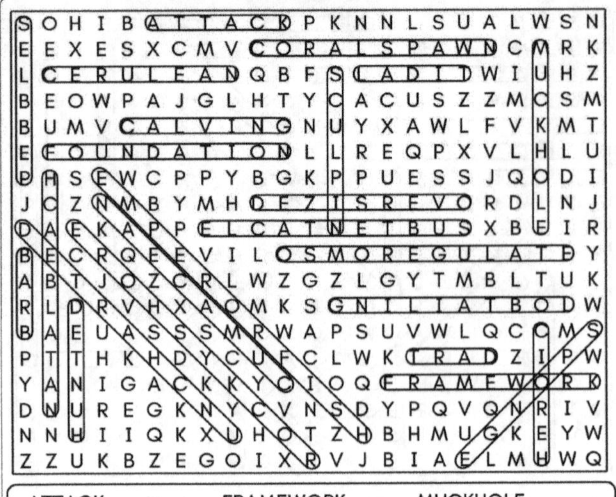

ATTACK	FRAMEWORK	MUCKHOLE
FOUNDATION	CALVING	BARB
HEROIC	SPONGE	UNCHARTED
PEBBLES	DART	SCULPIN
TIDAL	HUNTED	OVERSIZED
EMPERORFISH	CORALSPAWN	CERULEAN
LOBTAILING	OSMOREGULATE	SUBTENTACLE
ROCKYSHORE	NATALBEACH	CUMACEAN

Puzzle # 55

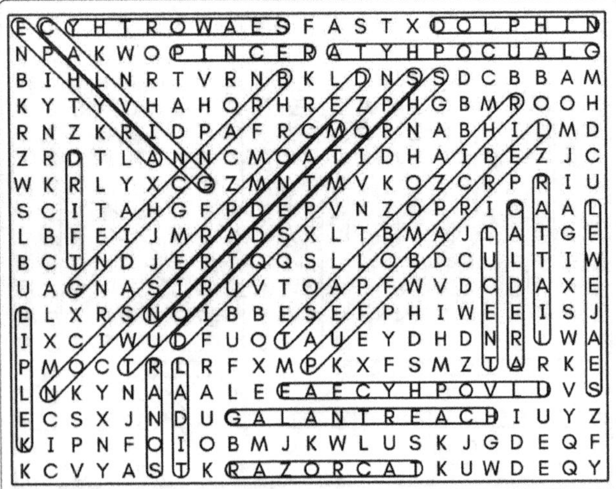

SONAR	GALANTREACH	ULVOPHYCEAE
DOLPHIN	EPHYRA	PINCER
PUFFBARREL	MANDARIN	TIDAL
CALVING	KELPIE	RAZORCAT
SHRIMPSQUID	BRANCHING	CALDERA
SPOTTEDTROUT	RATTAIL	DECOMPRESSION
DRIFT	LUCENT	RHIZOBLAST
SEAJEWEL	SEAWORTHY	GLAUCOPHYTA

Puzzle # 56

TOOTHED	ASCEND	MIDNIGHT
SCUBADIVER	CREATURE	SPIRAL
PELICANS	DEEPCRAB	SECURE
RETRACT	SKULK	GREENSHARPIE
SARDINE	SURFACEWATER	HUNKER
MUSSELS	SANDHILL	RADIATE
SWIMMING	CHROMATOPHORE	SHARPNOSE
DIATOM	SALTY	AGGREGATHIC

Puzzle # 57

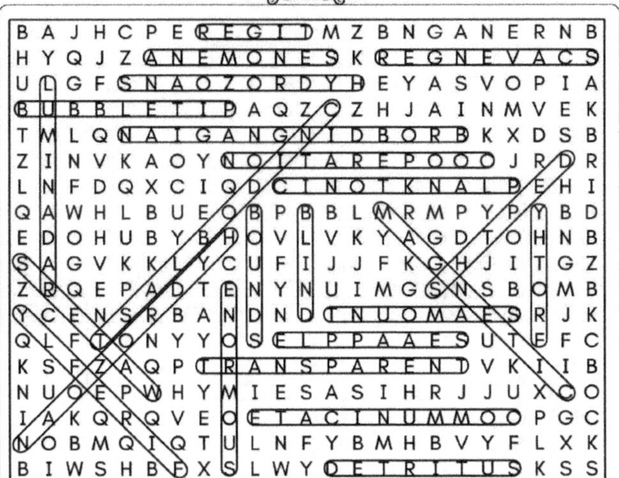

SCAVENGER	MAGNETIC	HYDROZOAN
FROTHY	TRANSPARENT	BROBDINGNAGIAN
CNIDOBLAST	SEAAPPLE	ENORMOUS
DEPTHS	DETRITUS	TIGER
BUBBLETIP	COMMUNICATE	FIREFLY
LUMINADAR	ANEMONES	PLANKTONIC
WATERS	BOUNDS	HYDROZOANS
SEAMOUNT	COOPERATION	BLIND

Puzzle # 58

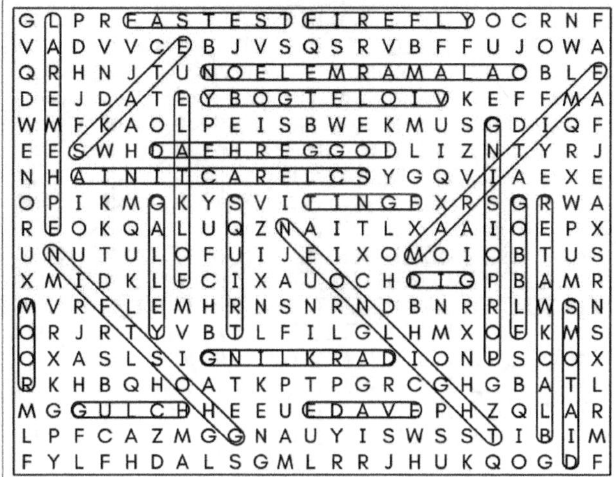

SQUIRT	DARKLING	CALAMARMELEON
FASTEST	GALLEY	FIREFLY
GULCH	GHOSTFIN	MOOR
LOGGERHEAD	BLACKWATER	NEONLIGHT
SCLERACTINIA	MARITIME	GOBBLE
SKATE	VIOLETGOBY	DIATOMS
DIG	TINGE	EVADE
PORPOISING	FOLKTALE	EPHEMERAL

Puzzle # 59

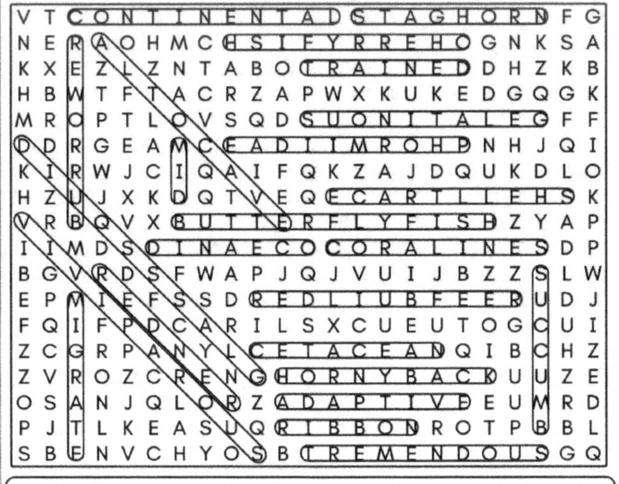

TRAINED	BURROWER	CHERRYFISH
PHORMIIDAE	MIGRATE	TREMENDOUS
REEFBUILDER	HORNYBACK	STAGHORN
CETACEAN	CONTINENTAL	ALTOCAVE
CORALINES	OCEANID	ADAPTIVE
SUCCUMB	VIVIPAROUS	SHELLTRACE
GELATINOUS	DIM	GLASSSQUID
RIBBON	BUTTERFLYFISH	RENDER

Puzzle # 60

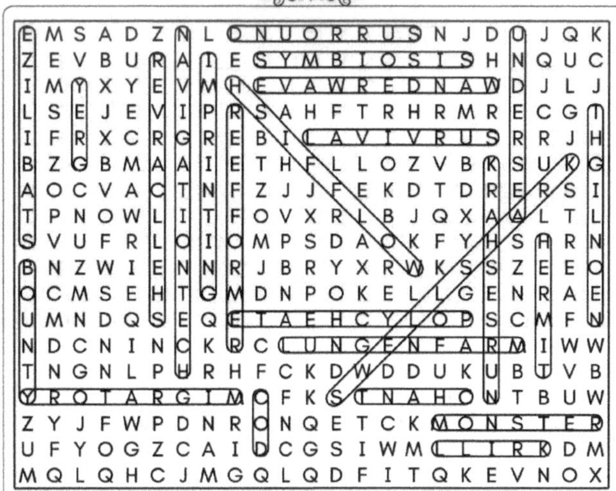

NURSESHARK	LUNGENFARM	COD
CHANT	KRILL	POLYCHEATE
SHELLCARVER	SURROUND	SURVIVAL
SWELLSHARK	NEONLIGHT	REEFFORMER
MONSTER	SYMBIOSIS	GREY
WANDERWAVE	STABILIZE	NAVIGATIONTECH
MIGRATORY	BOUNTY	WOLFFISH
UNDERSEA	IMPRINTING	HERMIT

Puzzle # 61

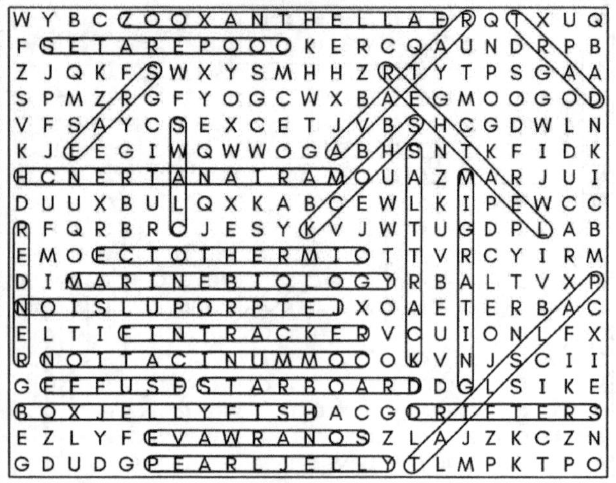

COOPERATES	EFFUSE	SALTTRACK
MARINEBIOLOGY	COMMUNICATION	SONARWAVE
DART	CLAWS	MARIANATRENCH
MIGRATING	AVATAR	FINTRACKER
SHOCK	BOXJELLYFISH	EARS
ECTOTHERMIC	ZOOXANTHELLAE	STARBOARD
TAILSLAP	RENDER	LEATHER
DRIFTERS	JETPROPULSION	PEARLJELLY

Puzzle # 62

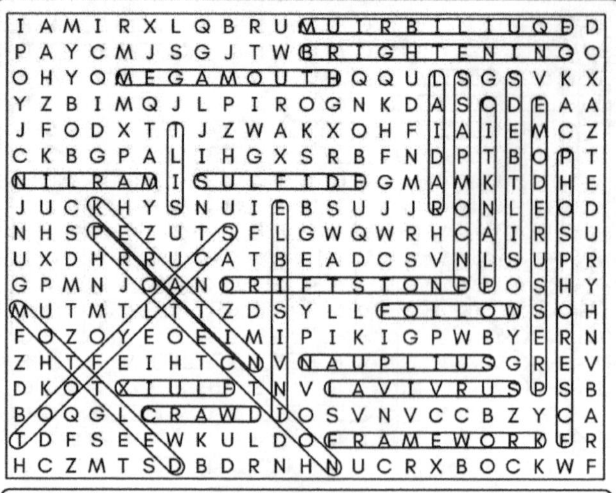

CRAWL	BRIGHTENING	NAUPLIUS
DRIFTSTONE	PROTECTION	INVISIBLE
SILT	PLANKTIC	SULFIDE
RADIAL	PHOSPHORESCE	KERATIN
PRESSUREDOME	SURVIVAL	FLUIX
MEGAMOUTH	FRAMEWORK	SCALYFOOT
FOLLOW	EQUILIBRIUM	MOTTLED
SILTBEDS	ENCOMPASS	MARLIN

Puzzle # 63

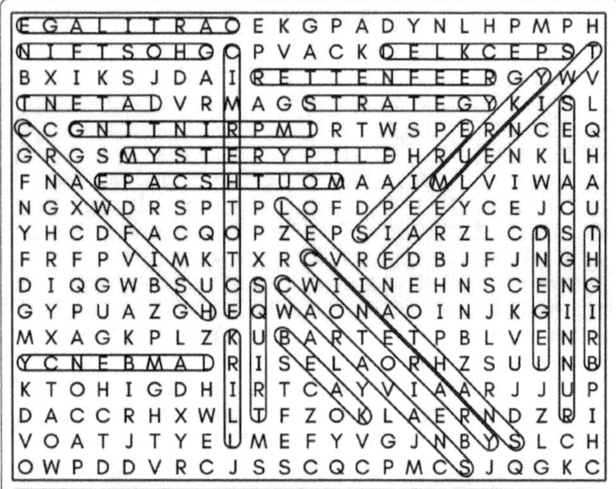

CARTILAGE	MURKY	CRAWFISH
RUNNINGSCALES	SQUIRT	LATENT
SPECKLED	REEFNETTER	MYSTERYPILE
KRILL	BRIGHT	ECTOTHERMIC
CINERARY	IMPRINTING	STRATEGY
CARAVANS	TWINELEAF	GHOSTFIN
BEAK	LAMBENCY	SPIRE
LEVIATHANS	LEGEND	MOUTHSCAPE

Puzzle # 64

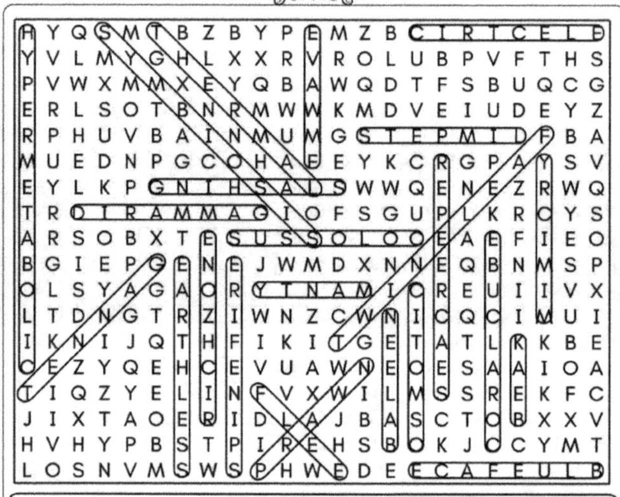

BALEEN	EMWAVE	FLEE
SPINEFIRE	SYMBIOSIS	MANTY
COLOSSUS	TWINELEAF	SLASHING
BEAK	GAMMARID	THERMAL
LIMPETS	RICHZONE	CORALCUBE
HYPERMETABOLIC	GANNET	SEACREEPER
MIMICRY	PRAWN	OSMOTIC
BLUEFACE	ELECTRIC	EARTHLESS

Puzzle # 65

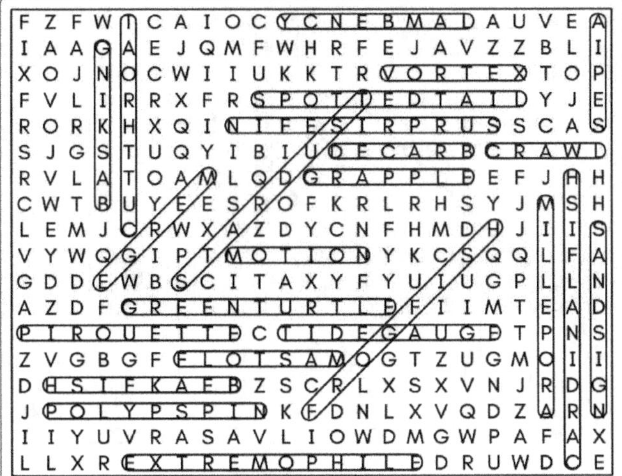

BASKING	BRACED	POLYPSPIN
VORTEX	TIDEGAUGE	GRAPPLE
EXTREMOPHILE	CUTTHROAT	SPOTTEDTAIL
CRAWL	FLOTSAM	SURPRISEFIN
FROGFISH	MILLEPORA	MERGE
PIROUETTE	STARDUST	BEAKFISH
GREENTURTLE	LAMBENCY	SEPIA
CARDINALFISH	SANDSIGN	MOTION

Puzzle # 66

LURK	GLOOM	INKFISH
DRIFTSTONE	ANTENNAE	MONSTROUS
LABYRINTH	HEXANTHEAD	STAGHORN
LEAP	RUSH	FLASHING
ELECTRICRAY	UNCHARTED	SALINE
PEACOCK	CNIDOCYTE	FEATHERSTAR
FROLIC	THERMAL	BLUSHGREEN
CORALINES	DOLPHIN	SUPERHEATED

Puzzle # 67

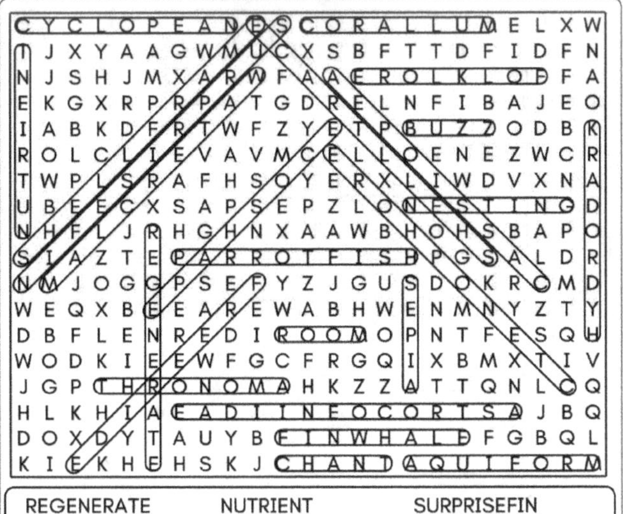

REGENERATE	NUTRIENT	SURPRISEFIN
SHELLFRAME	CHANT	THRONOMA
CTENOPHORE	WATERCLAM	CORALLUM
PARROTFISH	AQUIFORM	SEPIA
SHELLTRACE	FOLKLORE	HYDRODARK
CYCLOPEAN	CASSIOPEA	ASTROCOENIIDAE
NESTING	BUZZ	ECOSHAPE
FINWHALE	MOOR	FREERIDE

Puzzle # 68

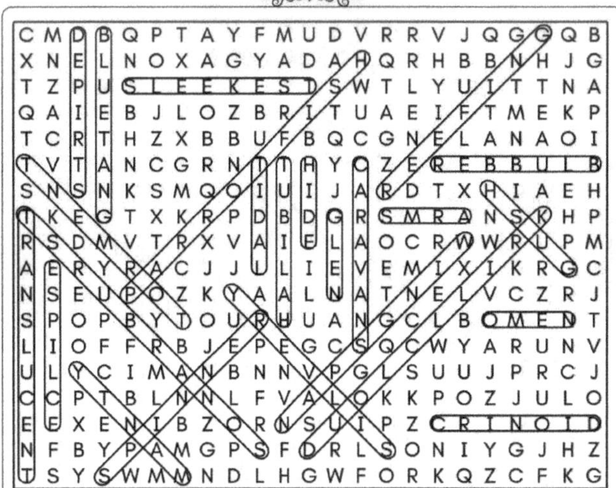

SPINNER	NEMO	KRILLCLOUD
SONARBURST	ARMS	CRINOID
GLEN	HIDE	TIDAL
STRIPED	GUSH	SILVERY
SLEEKEST	PARROTFISH	MANTY
ECLIPSE	TORMENT	HALIBUT
BLUBBER	TRANSLUCENT	CARAVANS
BLUETANG	WING-SPAN	REEFING

Puzzle # 69

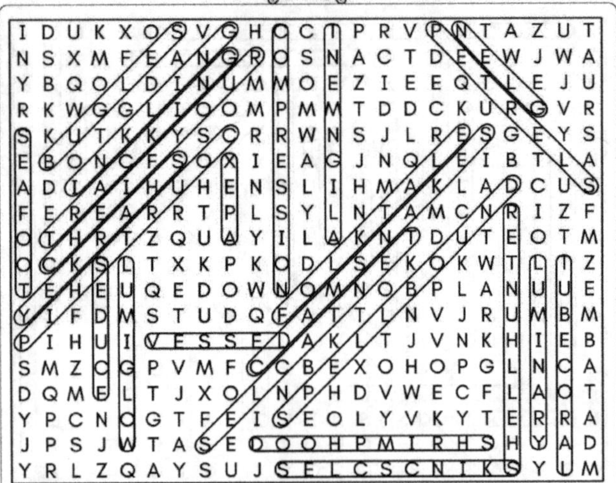

TRACKING	GLEN	SHRIMPHOOD
SEAFOOT	SEDUCE	INKLING
SPELLBOUND	SHELLHUNTER	COURTSHIP
APEX	LUMINARY	CLAMSNAKES
BUGLES	TENTACLES	COMPRESSION
TUBECORAL	CHEIFYOUR	VESSEL
ALIGNMENT	LUMIGLOW	SKINCSCLES
PETRELS	FOLKTALE	SHARKEY

Puzzle # 70

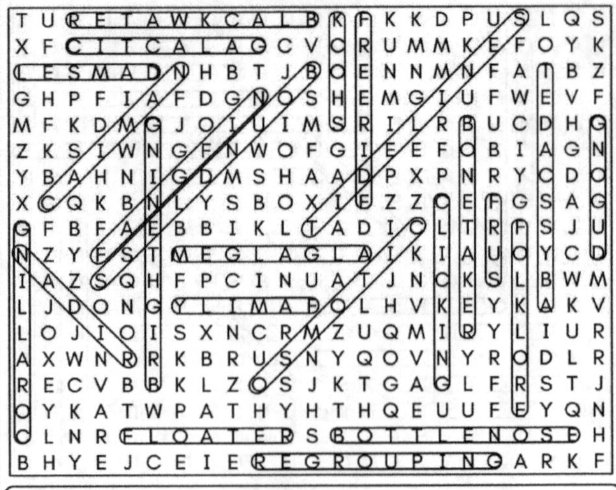

BOTTLENOSE	BRIGHTENING	FLOATER
DAMSEL	FOLKLORE	GALACTIC
BLACKWATER	FANGFIN	CORALLING
SURF	OSMOTIC	TIDELINES
CLICKING	SHOCK	FREERIDE
BOUNDLESS	BONETAKER	ALGALGEM
FAMILY	CAIMAN	NADIR
ABYSSCADET	DUGONG	REGROUPING

Puzzle # 71

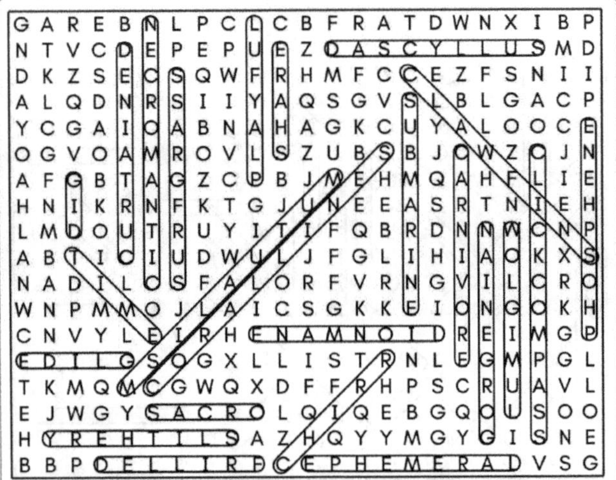

CARNIVORE	EMIT	MUTUALISM
CORALLINES	GLIDE	EPHEMERAL
PHOSPHENE	SUBMARINE	CLICKCOMPASS
PLAYFUL	SLITHERY	DASCYLLUS
GORGENIAN	SHARE	CHIRR
LUMIGLOW	SURFGRASS	CLAWFINS
ORCAS	NECROMANTIC	CURTAINED
FRILLED	DIG	LIONMANE

Puzzle # 72

TRAINED	ROCK	CARCHARODON
URCHIN	UNCHARTED	DOUSE
HYDROPHORE	STEINARROW	DORSALFIN
MIMICOCTOPUS	GOBLINSHARK	APEXPREDATOR
CORALCROWN	KEELHAUL	EMWAVE
DANCE	GAMMAFINNED	COD
INKING	GUSH	CUTTHROAT
BEAKED	CARGO	MEDUSOID

Puzzle # 73

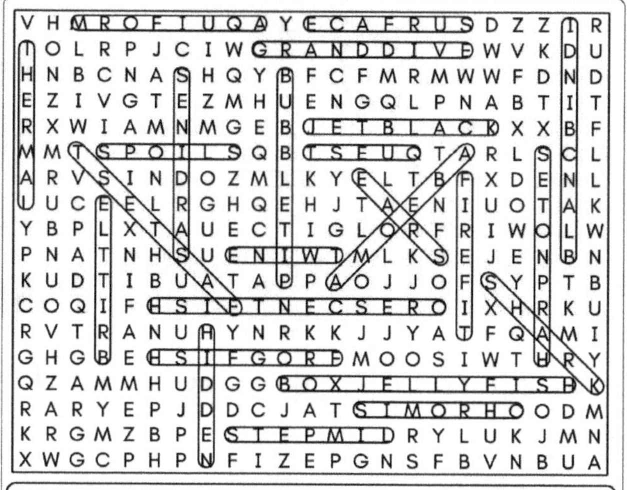

SARDINES	AQUIFORM	GRANDDIVE
FIREFIT	AMOEBA	EARS
SPOILS	LIMPETS	CHROMIS
SURFACE	HIDDEN	JETBLACK
FROGFISH	FASTEST	TWINE
THERMAL	BRITTLE	BUBBLETIP
BOXJELLYFISH	BLANCBINDI	HARPNOTES
CRESCENTFISH	SHARK	QUEST

Puzzle # 74

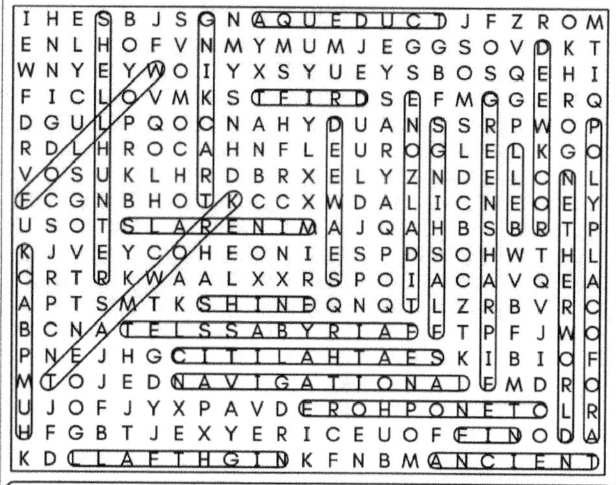

TRACKING	FIN	GREENSHARPIE
NAVIGATIONAL	DRIFT	SHINE
ROCKWEED	SEATHALITIC	FOLLOW
HUMPBACK	NETHERWORLD	SHELLHUNTER
ANCIENT	AQUEDUCT	MINERALS
CTENOPHORE	FAIRYBASSLET	SEAWEED
BELL	NIGHTFALL	FLASHINGS
TIDALZONE	TEAMWORK	POLYPLACOFORA

Puzzle # 75

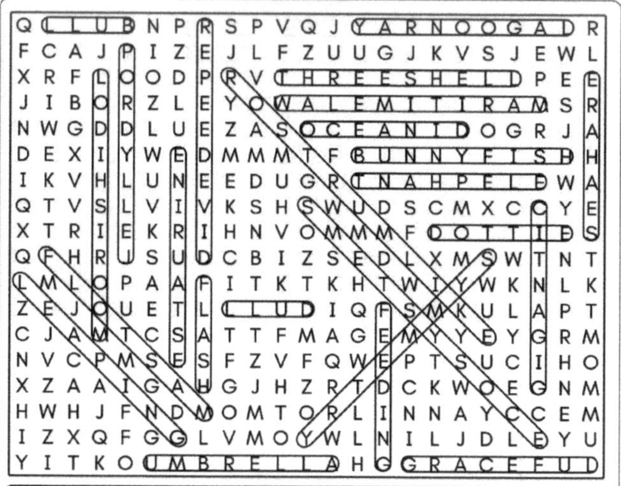

GRACEFUL	DULL	LAGOONRAY
DIVEDEEPER	OCEANID	ELEPHANT
BUNNYFISH	THREESHELL	GIGANTIC
SYMMETRY	FLASH	MOORISHIDOL
DOTTIE	FEEDING	ROSTRUMLIKE
FLOTSAM	ESTAURINE	MARITIMELAW
ECOSYSTEMS	BULL	UMBRELLA
SEAHARE	LEAPING	JELLYDROP

Puzzle # 76

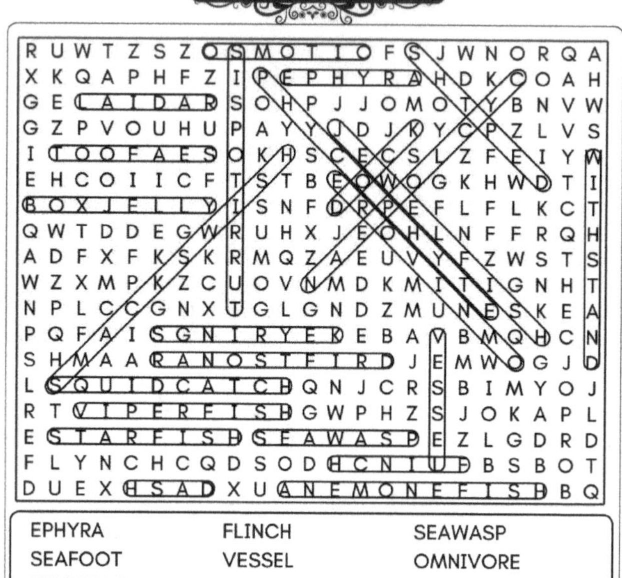

EPHYRA	FLINCH	SEAWASP
SEAFOOT	VESSEL	OMNIVORE
KEYRINGS	DRIFTSONAR	DEPTHS
RADIAL	DASH	BOXJELLY
JEWELFISH	DOCK	OSMOTIC
SMACKSWISH	PHYCOPHYTE	ANEMONEFISH
VIPERFISH	CYCLOPEAN	TURRITOPSIS
SQUIDCATCH	STARFISH	WITHSTAND

Puzzle # 77

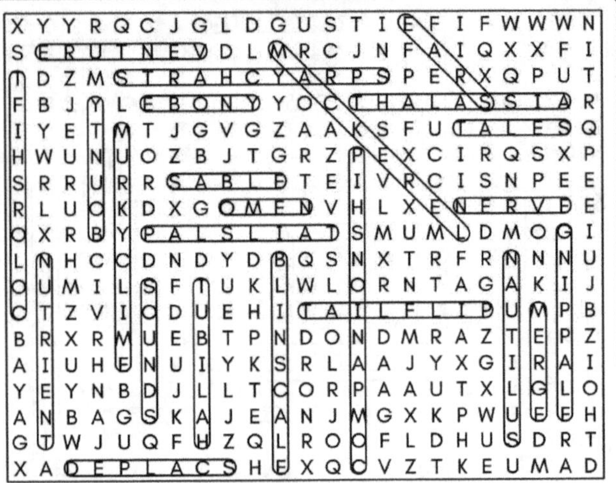

TAILSLAP	EBONY	SCALPED
NAUTILUS	FLAPPING	NEMO
VENTURE	MURKYCLIME	MACKEREL
SOUNDS	SABLE	COLORSHIFT
THALASSIA	COMPANIONSHIP	MERGE
BOUNTY	BLINSCALE	HALIBUT
NERVE	NUTRIENT	SPRAYCHARTS
TAILFLIP	TALES	EARS

Puzzle # 78

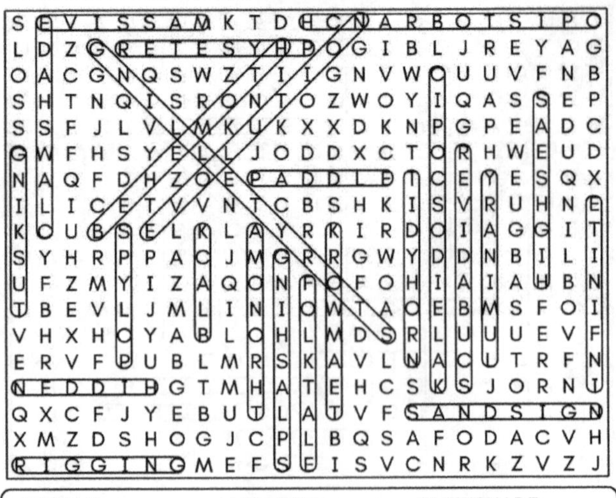

PADDLE	MASSIVE	CLAWSHADE
TUSKING	EVOLUTION	SPLASHING
BLACK	OPISTOBRANCH	FOLKTALE
TEAMWORK	KALEIDOSCOPIC	BEHEMOTH
SCUBADIVER	RIGGING	HIDDEN
INFINITE	PHYSETER	HIGHSEAS
POLYPS	LUMINARY	TIDYHORN
SANDSIGN	STORYTELLING	THRONOMA

Puzzle # 79

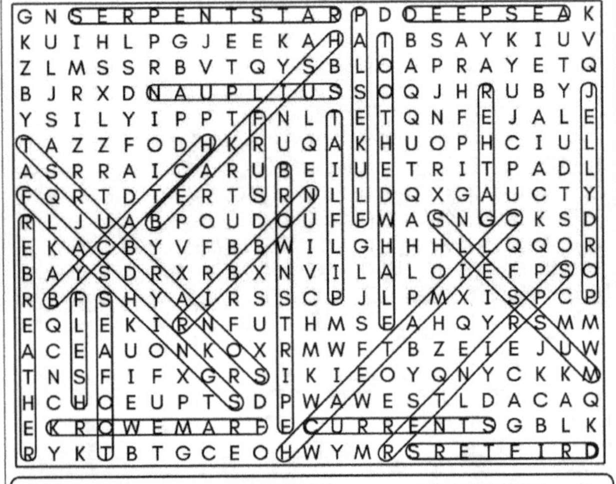

DEEP-SEA	FLASHINGS	SONARBURST
SEAFOOT	FLESH	NAUPLIUS
BYCATCH	TOOTHEDWHALE	REBREATHER
SURF	CLIMATEACH	BEAKFISH
BROWNSTRIPE	CURRENTS	SPRINTER
MUSSELS	FLUKESLAP	SERPENTSTAR
GATHER	FRAMEWORK	RIBBON
TAILFLIP	DRIFTERS	JELLYDROP

Puzzle # 80

LOBTAILING	PHANTOM	BUFFERTAIL
ANCHORAWAY	BEHAVIOR	CROWNSTAR
DUSKY	WHALELEAF	CARAPACE
PECTORAL	SPIRIT	NAVY
DIVEDEEPER	FAST	JELLIES
OBSCURE	SYMPHONIZE	ECOTOURISM
BARRACUDA	RESISTANCE	CRYPT
LIONFISH	BEACHES	SWAY

www.ingramcontent.com/pod-product-compliance
Lightning Source LLC
Chambersburg PA
CBHW081945160726
47999CB00008B/2513